디지털 미래의
어두운 그림자,
전자 쓰레기
이야기

디지털 미래의 어두운 그림자,
전자 쓰레기 이야기

초판 1쇄 발행 2022년 12월 30일
초판 3쇄 발행 2023년 12월 1일

지은이 김지현
그린이 박선하
펴낸이 이지은 **펴낸곳** 팜파스
기획편집 박선희
디자인 조성미 **마케팅** 김서희, 김민경
인쇄 케이피알커뮤니케이션

출판등록 2002년 12월 30일 제 10-2536호
주소 서울특별시 마포구 어울마당로5길 18 팜파스빌딩 2층
대표전화 02-335-3681 **팩스** 02-335-3743
홈페이지 www.pampasbook.com | blog.naver.com/pampasbook
이메일 pampas@pampasbook.com

값 13,000원
ISBN 979-11-7026-532-0 (73560)

ⓒ 2022, 김지현

이 책의 일부 내용을 인용하거나 발췌하려면 반드시 저작권자의 동의를 얻어야 합니다.
잘못된 책은 바꿔 드립니다.

 디지털 미래의 어두운 그림자,

전자 쓰레기 이야기

김지현 글 | 박선하 그림

팜파스

> **어린이 친구들에게**

여러분은 주말에 무엇을 하면서 보내나요?

아마도 텔레비전으로 재미있는 애니메이션을 보거나, 컴퓨터나 휴대용 게임기로 신나게 게임을 할 거예요. 혹은 스마트폰으로 친구에게 연락해 만나서 놀자고 하는 친구도 있겠지요.

이렇게 여러분의 주말을 잠깐 들여다보니 전자 제품들이 가득해요. 재미난 전자 제품들이 없다면 너무 심심할 거예요.

지금 잠깐 책을 놓고 집 안을 둘러보세요. 집에서도 전자 제품들을 쉽게 찾을 수 있어요. 냉장고, 세탁기, 건조기, 전등, 청소기, 공기청정기, 전자레인지, 전기밥솥, 정수기 등등! 크기도, 모양도, 하는 일도 제각각인 전자 제품들이 온 집 안에 가득하지요.

이런 전자 제품은 전기를 이용해 작동시킬 수 있어요. 그래서 전자 제품 속에는 여러 가지 전자 부품들이 들어간답니다. 여기에 하나라도 문제가 생기거나 오래 사용하다 보면 고장이 나서 버리게 돼요. 또 작동은 되지만 휴대용 CD 플레이어나 카세트처럼 오래되어 더 이상 사용하지 않아 버리는 것들도 있지요.

여러 가지 이유로 버리는 전자 제품을 '전자 쓰레기'라고 불러요. 그런데 이러한 전자 쓰레기를 잘못 버리면 지구 반대편에 살고 있는 다른 나라 친구들을 아프게 할 수도 있어요. 더 나아가 우리의 건강, 지구의 환경까지 해친답니다.

전자 제품 속에는 금, 은, 구리와 같은 천연 자원은 물론, 수은과 납, 카드뮴 등 인체에 유해한 중금속과 전기 합선이나 발화를 막아 주는 난연제 등이 들어 있어요. 이런 부품들이 있기 때문에 함부로 땅에 묻거나 태우면 절대 안 돼요. 유독 물질이 나오거든요. 하지만 전자 쓰레기를 제대로 잘 버린다면 그 속에 숨어 있는 귀한 천연 자원과 희귀 금속들을 재활용할 수 있어요.

전자 쓰레기가 최악의 쓰레기가 되느냐, 최고의 쓰레기가 되느냐는 바로 우리 손에 달려 있어요. 전자 쓰레기를 어떻게 최고의 쓰레기로 만들 수 있는지 궁금하다면 얼른 다음 장을 넘기도록 해요!

김지현

차례

어린이 친구들에게
4

이야기 하나

집집마다 잠들어 있는 전자 제품이 있다고?   10

전자 쓰레기는 무엇일까?   20

가장 위험한 쓰레기, 전자 쓰레기   21
빠른 기술의 발달, 전자 쓰레기는 점점 늘어날 수밖에 없어!   23
멀쩡한 물건을 버리고 새로 사라고? 전자 제품의
유행 마케팅에 넘어가서는 안 돼!   25
전자 쓰레기, 얼마만큼 쏟아지고 있을까?   28

이야기 둘

2922년 지구는 전자 쓰레기의 행성입니다   30

전자 쓰레기는 왜 유독 위험하고, 함부로 버려서는 안 되는 걸까?   40

전자 쓰레기 속에 숨어 있는 것들   40
전자 제품 속 중금속, 돌고 돌아 우리에게 돌아온다   42
지구를 위협하는 전자 쓰레기   44
그 많은 전자 쓰레기들, 어디로 갈까?   47

이야기 셋

학교 말고 전자 쓰레기 산으로 가는 아이들   50

가난한 나라로 옮겨지는 전자 쓰레기 그리고 어린이 노동자들	60
국가 간 쓰레기 이동을 막는 바젤 협약이 있지만	65
쓰레기장으로 일하러 가는 어린아이들	67
전자 쓰레기가 우리 몸에 미치는 영향	69

이야기 넷

다들 바꾸는데 나도 스마트폰 바꾸면 안 돼요?   74

전자 제품을 만들기 위해 얼마나 많은 자원이 쓰일까?	86
전자 제품에 들어가는 많은 광물 자원이 그대로 버려진다	88
분쟁 광물 때문에 죽어 가는 사람과 동물	91

 이야기 다섯

쓸모없는 쓰레기 선발 대회! 94

전자 쓰레기를 줄이기 위해
우리가 해야 할 일   106

전자 제품의 생산부터 폐기까지 책임지는
기업의 행동이 필요해   109

어마어마한 자원이 숨어 있는 '도시 광산' 활용하기   110

전자 쓰레기 문제를 해결할 미래 기술들   112

 이야기 하나

집집마다 잠들어 있는 전자 제품이 있다고?

"어디 있지?"

학교 갈 시간이 다 되었는데도 재희는 서랍에서 무얼 찾느라 여념이 없었다.

"재희야, 학교 안 가니?"

엄마가 방문을 열고 묻자 재희는 머리를 긁적이며 대답했다.

"어제 선생님이 집에 잠들어 있는 전자 제품을 가져 오라고 하셨는데 챙기는 걸 깜박했어요."

"잠들어 있는 전자 제품?"

"분명 서랍에 있을 거라고 하셨는데……."

재희의 대답에 엄마는 무슨 말인지 알겠다는 듯 안방으로 갔다. 그리고 서랍장을 열어 옛날에 쓰던 휴대폰과 태블릿 PC, 스마트폰, 노트북, 전자시계 등을 꺼냈다.

"이런 거?"

재희는 엄마가 찾아온 전자 제품들을 보고 눈이 휘둥그레졌다.

"우아! 이거 인터넷에서 본 적 있는데!"

재희는 버튼이 달린 옛날 휴대폰을 신기하게 들여다보았다.

"선생님 말씀이 진짜 맞네요! 집에 옛날 전자 제품들이 엄청나게 많을 거라고 하셨거든요. 엄마 서랍에 다 들어 있었어요."

"그러게. 버리기가 애매해서 모아 둔 건데 이렇게나 많았네."

"엄마, 저 이거 가져가도 되죠?"

"그럼."

재희가 옛날 휴대폰을 챙기자 엄마는 남은 전자 제품들을 보며 한숨을 쉬었다.

"나머지는 어떡한담? 다 안 쓰는 것들인데……."

"그냥 버리면 안 돼요?"

"일반 쓰레기랑은 달라서 그냥 버리면 안 될 거야."

"그럼 제가 학교 가서 선생님께 여쭤 볼게요. 못 쓰는 전자 제품을 어떻게 해야 하는지 말이에요."

재희는 엄마에게 인사를 하고 부리나케 학교로 뛰어갔다. 교실에 도착하니 친구들이 각자 챙겨 온 전자 제품을 구경하고 있었다.

최신형 스마트폰과 태블릿 PC도 있었고 휴대용 오락기, 전자 녹음기, CD플레이어, 디지털 카메라도 있었다. 하준이는 장난감 RC카를 가지고 왔다.

"야, 이건 전자 제품이 아니지 않아?"

"아니야. 엄마가 이것도 전자 제품이랬어."

그때 선생님이 교실로 들어서자 해수가 손을 번쩍 들었다.

"선생님, 하준이는 RC카 가져왔대요! RC카는 전자 제품 아니죠?"

"무선 조종기로 움직이는 장난감 말이니?"

"네."

선생님이 방긋 웃으면서 대답했다.

"RC카도 전기로 움직일 수 있으니까 일종의 전자 제품이야. RC카뿐만 아니라 배터리나 충전기로 움직이는 장난감도 모두 전자 제품이란다."

"거 봐! 맞잖아!"

하준이가 우쭐해하며 소리쳤다. 선생님은 아이들이 가지고 온 전자 제품들을 쭉 둘러보았다.

"와! 선생님이 20년 전에 쓰던 CD플레이어를 가져온 친구도 있네! 요즘은 스마트폰 하나로 인터넷도 하고, 사진도 찍고, 음악도 들을 수 있지? 하지만 예전에는 사진은 카메라로 찍고, 음악은 오디오나 CD플레이어, 카세트 플레이어로 들었어."

이번에는 재희가 손을 번쩍 들고 질문했다.

"선생님! 그런데 안 쓰는 전자 제품은 왜 가지고 오라고 하신 거예요?"

재희의 질문에 선생님이 방긋 웃으며 말했다.

"지금부터 그 얘기를 해 줄게. 얘들아, 이렇게 안 쓰거나 고장 난 전자 제품을 뭐라고 하는 줄 아니?"

아이들은 선생님의 말에 고개를 갸우뚱했다.

"그걸 따로 부르는 말이 있어요?"

"응. 이런 전자 제품을 '전자 쓰레기'라고 한단다. 고장이 나거나 오래되어 쓰지 않는 전자 제품을 부르는 말이야. 혹시 이런 전자 쓰레기들을 어떻게 버려야 하는지 알고 있니?"

선생님이 묻자 아이들은 수런거렸다. 그때 지우가 손을 번쩍 들고 이야기했다.

"버리지 않아요! 엄마가 못 쓰게 된 휴대폰이나 노트북에는 개인 정보가 많아서 버리기가 힘들대요. 아빠도 못 버리게 해요. 그래서 저희 집에는 못 쓰는 전자 제품이 엄청 많아요."

지우의 말에 아이들은 너도나도 고개를 끄덕였다.

"맞아. 휴대폰, 노트북, 태블릿 PC에는 개인 정보가 들어 있어서 버리기가 찝찝하지. 그런 전자 제품들은 모두 포맷을 해서 개인 정보를 지워야 해. 그것만 해서는 마음이 놓이지 않는다면 전자 제품 속에 있는 하드 디스크를 파기한 다음에 버리면 돼. 그런데 말이야. 전자 제품은 분리수거가 될까?"

아이들은 "돼요!", "안 돼요!" 하며 두 편으로 나뉘었다.

"음. 그럼 분리수거에 대한 의견을 들어 볼까? 분리수거가 된다고 생각하는 사람? 자, 서하가 이야기해 볼래?"

선생님의 말에 서하가 일어서서 말했다.

"저는 오늘 전자계산기를 가지고 왔거든요. 근데 이건 다 플라스틱으로 되어 있어요. 보세요. 이건 플라스틱류로 버려도 될 것 같아요."

서하가 가지고 온 전자계산기는 정말 온통 플라스틱으로 되어 있었다.

"좋아. 전자 제품은 분리수거가 안 된다고 생각하는 사람은?"

재희는 기다렸다는 듯 바로 손을 들었다.

"재희가 얘기해 볼까?"

"저는 분리 수거장에 가 봤는데요. 거기에는 전자 제품을 버리는 칸이 없어요. 그러니까 분리수거를 할 수 없어요."

재희의 말에 선생님이 방긋 웃었다.

"맞아. 분리 수거함에는 전자 쓰레기를 버리는 곳이 없지. 그리고

서하 말처럼 많은 전자 제품들이 겉은 플라스틱으로 되어 있지만 그 속에는 여러 전자 부품이 들어 있어서 분리수거를 할 수 없단다."

문득 재희는 아침에 엄마가 고민하던 모습이 떠올랐다.

"선생님, 그럼 전자 쓰레기는 어떻게 버리나요? 엄마가 일반 쓰레기랑 같이 버리면 안 된다고 했는데요."

재희의 말에 선생님이 고개를 끄덕였다.

"그 말도 맞아. 전자 제품은 일반 쓰레기봉투에 그냥 버리면 안 된단다."

아이들은 웅성거렸다. 분리수거도 안 되고, 일반 쓰레기에도 버릴 수 없다니. 도무지 전자 쓰레기를 버릴 방법이 없는 것 같았다. 선생님은 아이들의 궁금한 표정을 보고 말을 이었다.

"일반 쓰레기봉투에 담아 버리는 쓰레기들은 소각장이나 매립장으로 가서 처리되거든. 전자 쓰레기에는 납이나 수은 같은 중금속이 많이 들어 있어. 일반 쓰레기처럼 태우거나 땅에 묻으면 나쁜 물질들이 공기와 토양으로 나오게

뭔가 다른 방법은 없을까?

돼. 특히 중금속은 우리 건강에 아주 안 좋기 때문에 절대 불에 태우거나 땅에 묻으면 안 되지."

"아, 그래서 엄마가 안 버리고 다 가지고 계셨구나!"

"우리 엄마도!"

재희의 말에 아이들이 맞장구를 쳤다. 선생님은 빙그레 웃으며 물었다.

"자, 그럼 전자 쓰레기는 버리지 못하고 내내 가지고 있어야만 하는 걸까? 뭔가 다른 방법은 없을까?"

그때 반장 서윤이가 이야기했다.

"저 방금 생각났는데요. 예전에 이사할 때 엄마가 수거업체에 전화해서 냉장고랑 세탁기를 버리셨어요! 그러니까 전자 제품들을 수거하는 곳이 따로 있는 게 아닐까요?"

"오! 서윤이 말이 맞아. 전자 제품을 수거하는 업체들이 있단다. 전자 쓰레기를 수거해서 플라스틱은 플라스틱대로, 금은 금대로, 알루미늄은 알루미늄대로 나누지. 이렇게 원자재들을 모두 분리해서 자원을 재활용하게끔 하는 거야."

선생님의 말씀에 아이들은 깜짝 놀랐다.

"전자 제품에 금이 들어 있다고요?"

"금뿐만 아니라 은, 동, 희귀 금속들이 가득 들어 있지. 특히 사람들이 많이 모여 사는 도시에서는 전자 쓰레기들이 많이 나와. 이 속에 자원들이 많이 들어 있기 때문에 도시의 전자 쓰레기를 일컬어 '도시 광산'이라고 부르기도 한단다."

금과 은이 들어 있다는 말에 준우는 직접 전자 제품을 뜯어 보려고 했다. 그 모습을 보고 선생님이 웃으며 말씀하셨다.

"전자 제품에 든 금속들은 전문 수거업체에서 분리해야 찾을 수 있어. 오늘 우리가 집에 잠들어 있는 전자 제품을 가져온 건 이것들을 모아 제대로 처리하기 위해서야. 서랍에 그냥 두면 그 속에 있는 자원들을 활용할 수 없어. 일반 쓰레기로 버리면 환경을 오염시키고 우리 건강에도 안 좋지. 오늘 가져온 전자 쓰레기를 수거업체에 보내자."

"네!"

재희는 아침에 엄마가 서랍에서 꺼낸 전자 제품들이 떠올렸다.

'엄마한테 못 쓰는 전자 제품들은 개인 정보를 모두 삭제한 다음, 수거업체에 보내자고 해야지!'

재희는 잊지 말고 엄마에게 꼭 말씀드려야겠다고 생각했다.

> ## 전자 쓰레기는 무엇일까?

    우리 주변에는 많은 전자 제품들이 있어. 전자 제품은 충전기나 배터리와 같이 전기를 써서 작동되는 물건을 말해. 우리 집에는 어떤 전자 제품들이 있는지 한번 찾아볼까?

    먼저 주방부터! 정수기, 믹서기, 커피 머신, 전자레인지, 인덕션, 토스트기, 전기밥솥! 와, 이게 끝이 아니야. 냉장고, 식기세척기처럼 덩치가 큰 가전제품도 있어.

    거실로 나가 볼까? 텔레비전, 에어컨, 선풍기, 공기 청정기가 눈에 뜨이네? 다용도실에는 세탁기, 건조기, 보일러가 있지. 이뿐만이 아니야. 집안 구석구석에는 다양한 전자 제품이 놓여 있어. 청소기, 컴퓨터, 모니터, 스마트폰은 물론 우리가 가지고 노는 전동 장난감까지! 그야말로 우리는 전자 제품에 둘러싸인 채 살고 있는 셈이지.

집 밖에 나와도 전자 제품들이 가득해. 길거리를 누비는 전동 킥보드, 도로 곳곳에 설치되어 있는 CCTV, 가게 매장에 있는 오디오와 스피커, 각종 오락 기기와 인형 뽑는 기계도 전자 제품이란다.

또 병원에 있는 수많은 의료 기기도, 자동차에 설치된 내비게이션도 모두 전자 제품이야. 우리는 전자 제품으로 만들어진 세상에 있다고 해도 과언이 아니지.

 ## 가장 위험한 쓰레기, 전자 쓰레기

이런 전자 제품들을 영원히 쓰면 좋겠지만 그러지는 못해. 성능이 떨어지거나 고장이 나면 버려야 하지. 혹은 유행이 지났다는 이유로 버려지기도 해.

이렇게 사람들이 쓰다 버린 전자 제품은 전자 쓰레기가 된단다. 전자 쓰레기는 해마다 무서운 속도로 늘어나고 있어. 미국의 경제 일간

전자 쓰레기
ⓒAvWijk
출처: 위키백과

지『월스트리트 저널』은 전자 쓰레기에 대해 이렇게 말했어.

'전자 쓰레기는 세계에서 가장 빠르게 증가하고 가장 위험해질 수 있는 쓰레기다.'

아니, 그냥 쓰레기일 뿐인데 왜 전자 쓰레기가 위험하다고 한 걸까? 그건 바로 전자 쓰레기가 가진 특징 때문이야. 전자 제품에는 전류가 잘 흐르게 하도록 여러 금속이 들어가는데, 이 금속에 중금속과 같이 환경과 우리의 건강을 해치는 유독성 물질도 있기 때문이야.

이 전자 쓰레기를 일반 쓰레기와 함께 버린다면 어떻게 될까? 일반 쓰레기처럼 태우거나 땅에 묻으면 유독성 물질들이 공기나 땅, 지하수에 그대로 녹아들게 되지. 그렇게 되면 환경이 오염될 뿐만 아니라, 그 환경에서 나고 자란 것도 오염돼. 그걸 사용한 사람들의 건강까지 해치게 되지. 그래서 절대 전자 쓰레기를 함부로 버려서는 안 되는 거야.

그러면 이렇게 많은 전자 제품들을 안 쓰게 될 경우에는 그냥 서랍 속에 넣어 두어야 할까? 아니야. 이 버려진 전자 제품을 재활용할 수 있도록 해야 돼. 하지만 안타깝게도 현재 재활용되는 전자 쓰레기는

20%도 되지 않는다고 해.

그러니 서랍 속에 조용히 잠든 전자 제품이 있다면 지금 당장 전문 수거업체에 보내자! 환경도 지키고, 우리의 건강을 지키기 위해서 말이야.

 빠른 기술의 발달, 전자 쓰레기는 점점 늘어날 수밖에 없어!

전자 제품 가운데 우리가 가장 많이 사용하는 것은 무엇일까? 바로 스마트폰이야. 우리의 생활에 꼭 필요한 이 스마트폰은 사실 역사가 그리 길지 않아. 전화기와 스마트폰의 역사를 잠깐 살펴보자.

지금으로부터 약 170년 전인 1854년, 전 세계 사람들이 깜짝 놀랄 만한 물건이 발명되었어. 그건 바로 전화기야! 세계 최초로 미국의 안토니오 무치가 전화기를 발명해 냈지.

그리고 약 120년 뒤인 1973년에는 모토로라의 연구팀과 마틴 쿠퍼 박사가 세계 최초로 휴대폰을 개발했어. 그로부터 19년 뒤인 1992년에는 IT 기업인 IBM에서 통화를 하면서 이메일도 보낼 수 있는, 최초의 스마트폰 사이먼을 개발했지. 그리고 15년 후! 2007년에 미국

의 애플사에서 현재 스마트폰의 시초인 아이폰을 출시했어.

전화기에서 들고 다니는 휴대폰으로 개발되는 시간은 약 120년이 걸렸어. 그런데 휴대폰에서 손 안의 컴퓨터인 스마트폰으로 발전되기까지는 겨우 19년밖에 걸리지 않은 거야.

혹시 '무어의 법칙'이란 말을 들어 본 적이 있니? 인텔의 설립자인 '무어'가 1965년에 이야기한 법칙이야. 전자 제품 속에 들어가는 반도체 칩의 성능이 18개월마다 2배씩 높아지는 현상을 나타내는 말이지. 다시 말해 디지털 전자 기기의 개발 속도는 우리가 상상할 수 없을 만큼 빠르다는 이야기야. 가까운 미래에는 또 어떤 형태의 스마트폰이 개발되어 나타날지 아무도 모르지.

그런데 과학 기술의 빠른 발전은 휴대폰에서만 이루어지고 있는 게 아니야. 다른 전자 제품들 또한 계속해서 기술이 발달되어 더 나은 제품이 빠르게 나오고 있어. 게다가 지금은 사물인터넷, 인공지능, 자율주행, 로봇 등 첨단 기술과 융합되는 4차 산업 혁명 시대야. 앞으로는 더 다양한 형태로 상상할 수 없을 만큼 많은 전자 제품들이 쏟아질 거야.

그렇기 때문에 앞으로 전자 쓰레기는 더욱 늘어날 수밖에 없지. 우리가 전자 쓰레기 문제를 더욱 고민해야 하는 이유이기도 해.

멀쩡한 물건을 버리고 새로 사라고? 전자 제품의 유행 마케팅에 넘어가서는 안 돼!

전자 쓰레기가 여러 가지 문제를 일으키고 있지만 전자 제품을 아예 쓰지 않을 수는 없어. 만약 냉장고를 없애 버리면 어떻게 될까? 집집마다 식자재를 보관하기 힘들 거고, 우리도 시원한 음료수나 달콤한 아이스크림을 먹을 수 없겠지.

아예 쓰레기가 되지 않도록 전자 제품을 영원히 쓸 수 있다면 얼마나 좋을까? 하지만 전자 제품에는 여러 가지 소모품과 부품이 들어가서 오래 사용하다 보면 고장이 날 수밖에 없어.

전자 제품의 권장 사용 기간을 살펴보면 텔레비전과 냉장고, 전자

레인지는 7년, 세탁기는 5년 정도야. 하지만 우리가 올바르게 사용하면 권장 기간보다 훨씬 오래 쓸 수 있어.

그런데 전자 제품 회사에서는 고장 난 제품을 무료로 고쳐 주는 기간을 구매 후 1~2년 정도로 정해 둬. 그 이후에는 수리 비용이 너무 많이 들거나, 예전 제품이라 부품을 구하지 못해 고칠 수 없는 일도 생기지. 그러면 어쩔 수 없이 새 제품을 사야 해.

게다가 전자 제품 회사는 더 편리한 기능과 멋진 디자인으로 새로운 제품을 계속해서 만들어 내. 회사 입장에서는 사람들이 오래된 제품을 고쳐서 계속 쓰기보다는 새로운 제품을 사야 이익이 클 거야. 그래서 새 제품이 나오면 크게 광고를 하지. 그 광고를 본 사람들은 쉽게 새 제품을 사게 되는 거야.

그나마 냉장고와 세탁기, 에어컨처럼 크고 비싼 가전제품들은 비교적 오래 쓰는 편이야. 사람들이 유난히 자주 바꾸는 전자 제품이 있어. 바로 스마트폰이야. 스마트폰을 만드는 회사들은 매년 새로운 제품을 내놓아. 그리고 꼭 바꿀 필요가 없는 사람들도 스마트폰을 바꾸고 싶도록 공격적인 마케팅을 펼쳐.

공격적인 마케팅의 예를 한번 찾아볼까? 새 스마트폰을 인기 있는 TV 프로그램에 등장시켜서 광고(PPL)를 하거나, 유명인들에게 협찬

해 주기도 해. 연예인이나 유명인이 새 제품을 쓰고 있으면 그 물건이 좋아 보이고, 저절로 사고 싶은 마음이 들거든. 이런 광고에 현혹되지 않는 건 우리의 몫이야.

다행인 건 스마트폰 교체 주기가 점점 늘고 있다는 거야. 2012년 스마트폰 평균 교체 주기는 2년 정도였어. 그런데 2022년에는 3년을 훌쩍 넘을 정도로 길어졌어. 신제품이 나와도 지금 쓰고 있는 스마트폰과 성능에 큰 차이가 없는 걸 소비자들이 알게 된 거지. 그러니 우리도 지금 사용하는 전자 제품이 멀쩡하다면 기업의 마케팅이나 좀 더 나아진 새 제품의 성능에 마음이 흔들리지 말고 되도록 오래 사용해 보자.

전자 쓰레기, 얼마만큼 쏟아지고 있을까?

한 해 동안 전 세계 사람들이 버린 쓰레기의 양은 얼마나 되는지 알아볼까? 2019년을 기준으로 살펴볼게. 먹기도 전에 버려지거나 먹고 남긴 음식물 쓰레기는 9억 3,000만 톤, 플라스틱 쓰레기는 1억 3,000만 톤, 전자 쓰레기는 5,360만 톤이나 버려졌어.

이게 얼마나 많은 양인지 잘 가늠되지 않지? 5톤짜리 코끼리로 바꾸어 생각해 볼까? 음식물 쓰레기는 1억 8,600만 마리, 플라스틱 쓰레기는 2,600만 마리, 전자 쓰레기는 1,072만 마리와 맞먹는 수준이야.

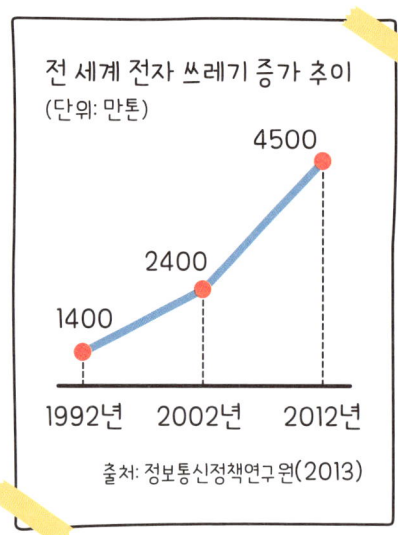

이 중 전자 쓰레기 5,360만 톤을 돈으로 바꾸어 계산해 보면 자그마치 68조 원이나 돼. 2021년 우리 정부 예산이 약 600조였으니 예산의 약 10%나 되는 돈이 버려진다는 얘기지.

더 큰 문제는 이러한 전자 쓰레기가 매년 늘어나고 있다는 거야.

1992년에는 1,400만 톤에 불과하던 전자 쓰레기가 2002년에는 2,400만 톤, 2012년에는 4,500만 톤, 2021년에는 5,740만 톤까지 늘어났어. 불과 30년 만에 4배 이상 늘어난 거야.

  5,740만 톤은 인류 역사상 사람들이 만든 것 중 가장 무거운 물체인 중국 만리장성 무게를 넘어서는 양이래. 정말 어마어마하지? 이 속도로 전자 쓰레기가 늘어난다면 2030년에는 7,500만 톤이 넘게 될 거야. 엄청난 속도로 늘어나는 전자 쓰레기를 막기 위해서 하루빨리 노력을 기울여야 해.

 이야기 둘

2922년 지구는
전자 쓰레기의 행성입니다

"현재 시각 2922년 5월 19일, 드디어 지구에 도착했다."

나는 천천히 카메라를 켜고 주변을 살펴보았다. 역시나. 나와 똑같이 생긴 로봇들이 나를 보고 있었다.

"어서 와라. 신입 청소 로봇!"

그렇다. 나는 방금 지구에 도착한 청소 로봇 R1122다. 현재 지구는 온갖 쓰레기로 뒤덮여 있어 생명체가 살고 있지 않다. 이곳에 살고 있던 인간들은 어떻게 되었냐고? 지구 주변 행성들로 흩어져 살아가고 있다.

하지만 그 행성들은 예전의 아름다웠던 지구만큼 인간들이 살기에 좋은 환경이 아니다. 그래서 인간들은 다시 지구로 돌아오기 위해 나와 같은 청소 로봇을 지구로 보내 쓰레기를 치우게 한다.

"신입 청소 로봇! 이곳을 안내해 주겠다. 나를 따라와라."

나는 로봇들 중 여기저기 찌그러지고 낡은 청소 로봇 뒤를 쫓았다. 문을 열고 나가자 길고 어두운 통로가 나왔다.

"이 통로는 뭐지?"

내가 묻자 낡은 청소 로봇이 답했다.

"땅 위는 온통 쓰레기로 뒤덮여 있어 기지를 건설할 땅이 없다."

"그렇다면 여기는······."

그때, 통로 밖에서 뽀글뽀글~ 지잉~ 하는 소리가 들려왔다. 바다 청소 로봇이 바다를 청소하며 지나가는 소리였다.

"바닷속이다."

"그렇군. 그런데 바다는 까만색인가? 아무것도 보이지 않는다."

"아니다. 바다는 원래 투명하고 푸르렀다고 들었다. 각종 플라스틱과 스티로폼 쓰레기가 버려지고 바다에 가라앉은 배, 자동차에서 흘러나온 기름과 각종 전자 쓰레기들이 바다를 새까맣게 만들었다."

"물고기라는 생명체가 살았다고 들었는데······."

"원래는 있었다. 하지만 기름과 각종 전자 쓰레기들에서 나온 유해 물질들 때문에 하나도 남지 않고 멸종했다."

나는 고개를 끄덕였다. 바다라는 곳은 너무 검게 변해 버려서 청소 중인 로봇이 지나가는 소리만 들려왔다.

"그렇다면 나는 바다를 청소하면 되는 것인가?"

"아니다. 바다는 정화 로봇들이 열심히 재생시키고 있다."

우리는 긴 통로를 지나 엘리베이터를 타고 땅 위로 올라갔다.

"그렇다면 나는 어디를 청소하면 되는 건가?"

"R1122. 너는 여기, 한국의 서울을 배정받았다."

"서울……. 알겠다."

곧 엘리베이터가 땅 위에 도착했다. 문이 열렸다.

내 카메라에 잡힌 건 낡은 건물들 사이에 새까맣게 쌓인 쓰레기들이었다. 온갖 생활 쓰레기, 무너진 건물들 잔해와 음식물 쓰레기, 전자 쓰레기들이 마구 뒤엉켜 있었다. 코가 없어서 다행이었다.

쓰레기 산 사이사이로는 겨우 로봇 한 대가 지나갈 수 있었다.

"이곳이 한국인가?"

"그렇다. R1122가 치워야 할 쓰레기는 전자 쓰레기다. 온갖 쓰레기들과 섞여 있으니 전자 쓰레기만 골라 놓아라. 그러면 압축 로봇이

와서 쓰레기를 압축시킬 것이다."

"알겠다."

낡은 청소 로봇은 다시 엘리베이터를 타고 기지로 내려갔다.

사방이 온통 쓰레기로 뒤덮여 있어 어디든 다 똑같아 보였다. 문득 내가 서 있는 곳은 예전에 어떤 곳이었는지 궁금해졌다.

"900년 전 서울."

눈 앞에 서울의 900년 전 모습이 홀로그램으로 떠올랐다. 차도에는 자동차들이 빠르게 달리고 있었고, 인도에는 사람들이 생기 있는 표정으로 돌아다녔다. 카페와 식당에는 사람들이 앉아 이야기를 하고 있었다. 도로 양쪽에는 푸른 가로수들이 시원한 그늘을 만들어 주었다. 더 없이 평화롭고 좋아 보였다.

"이렇게 활기 넘치던 곳이었는데 지금은 쓰레기 산이 되었군."

이제 이곳은 개미 한 마리도 찾아볼 수 없다. 900년 전 모습을 보여 주던 홀로그램이 꺼졌다. 그때였다. 청소 로봇 하나가 다가왔다.

"오늘 처음 온 로봇인가? 아무리 둘러봐야 다 똑같다. 온통 쓰레기 뿐이다."

"이렇게 심각한 줄은 몰랐다."

"이것도 많이 치운 거다."

　청소 로봇은 바닥에 쌓인 쓰레기들을 헤치기 시작했다. 그리고 그 속에서 몇 개를 주워 입에 넣고는 우걱우걱 씹어 먹었다.

　"뭘 먹고 있는 건가?"

　"먹는 게 아니라 플라스틱을 분해하고 있다. 나는 플라스틱 분해 로봇이다."

　"플라스틱. 인간들이 석유를 이용해 개발한 물건이군."

　"그렇다. 일회용품 용기, 생활용품, 장난감, 포장재, 비닐 등등. 이런 것들은 자연에서 분해되는 데 시간이 오래 걸린다. 그래서 이렇게 일일이 찾아서 직접 분해해야 한다."

잠시 뒤 플라스틱 분해 로봇의 배가 열리더니 잘게 부서진 플라스틱 조각들이 나왔다. 플라스틱 분해 로봇은 배에서 나온 플라스틱 조각들을 들고 있는 가방에 쏟아 넣었다.

"인간들이 무분별하게 플라스틱 물건들을 만들고, 쓰고, 버렸다. 소각하고 재활용하기에도 너무 많은 쓰레기가 나왔다. 결국 사람들은 아무 데에나 쓰레기들을 버리기 시작했다. 바다에 버리기 시작하더니 땅 위까지 플라스틱이 뒤덮어 버렸다."

이내 플라스틱 분해 로봇은 다른 플라스틱 쓰레기를 찾으러 갔다. 그 옆으로 "깡통! 깡통!"을 외치며 깡통 압축 로봇이 쓰레기 더미에서 깡통을 찾고 있었다. 깡통 로봇은 깡통을 두 손으로 쾅쾅 내려쳐 작게 압축시켰다.

이제 그만 둘러보고 일을 시작해야 한다. 눈앞에 있는 것들부터 치우자고 마음먹었다.

냉장고와 세탁기 같은 대형 전자 쓰레기들은 찾아내기가 쉬웠다. 하지만 스마트폰과 전동 장난감처럼 작은 전자 쓰레기들은 찾기가 어려웠다. 녹이 슬거나 찌그러진 것들은 간혹 인간들의 똥처럼 보여서 한눈에 봐서는 알아내기 어려웠다. 그래도 그 속에 있는 인쇄 회로 기판들과 전자 부품들은 멀쩡해서 구별해 낼 수 있었다.

그때였다. 쿨럭거리며 지나가는 로봇이 있었다. 한눈에 봐도 오래되어 보이는 공기 청정 로봇이었다. 나는 말을 걸었다.

"일한 지 얼마나 되었나?"

"200년…… 콜록! 콜록! 정확히는 226년 하고도 43일 1시간 42분 5초, 6초…… 콜록!"

"200년 넘게 공기를 정화시키고 있다니 대단하다."

공기 청정 로봇은 할 말이 많은지 목을 가다듬었다.

"이제 나사 빠질 때 다 됐다. 콜록! 근데 아직도 부족하다! 200년 내내 더러워진 공기를 정화시키면 뭐하나? 잔뜩 쌓인 쓰레기들이 계속 썩어 가고 있으니 아무리 일해 봐야 헛수고다. 콜록! 콜록!"

공기 청정 로봇은 콜록대면서도 계속 오염된 공기를 마시고 깨끗한 공기를 내뿜었다.

"그럼 쓰레기들이 썩어서 이렇게 공기가 오염된 건가?"

"콜록! 콜록! 그전에도 이미 심각했다. 인간들이 지구에 살 때 공기를 얼마나 오염시켰는지. 공장과 발전소에서 유독 가스와 분진이 뿜어져 나오고, 자동차와 비행기에서는 배기가스가 나왔다. 그뿐만이 아니다. 난방을 하면서 나오는 가스, 전자 쓰레기들을 태울 때 나오는 유독 물질까지. 인간은 물론이고 동식물도 숨을 쉴 수 없게 만들었다. 콜록! 콜록!"

"그럼 대기는 언제쯤 깨끗해질까?"

"한 번도 계산해 본 적 없다. 가만 있어 보자…… 지구의 공기를 모두 깨끗하게 만들려면……."

공기 청정 로봇은 한참을 계산하더니 말했다.

"아직 2492년 279일 2시간 49초는 더 일해야 한다! 그전에 내가 녹슬어 죽고 말 거다. 콜록! 콜록!"

공기 청정 로봇은 연신 기침을 하며 가 버렸다.

나는 지구가 왜 이렇게 됐는지 궁금해져서 홀로그램을 띄었다.

"600년 전 지구."

그러자 거대한 도시에 검은 연기가 가득 찬 화면이 나타났다. 낡고

녹슨 전기 차들이 운행을 멈추고 도로 여기저기에 아무렇게나 버려져 있었다. 거리에는 사람들이 보이지 않고 배달 드론과 CCTV, 각종 로봇들만이 돌아다니고 있었다. 하늘을 날던 드론들은 이따금 공중에서 부딪쳐 바닥으로 떨어졌다.

"온통 전자 제품들뿐이네."

바닥 위에는 사람들이 버린 생활 쓰레기와 전자 쓰레기들이 뒤엉켜 있었다. 그 사이로 시커먼 폐수들이 흘러나오고 있었다.

"사람들이 전자 쓰레기의 위험성을 무시했군."

홀로그램을 켰다. 나는 쓰레기 더미에 숨은 전자 쓰레기들을 골라냈다. 얼마나 오랫동안 일해야 하는지 계산해 보았다.

> 예상 청소 완료일
> 4922년 6월 17일

"전자 쓰레기를 치우고 분해하고, 정화시키는 데 4922년 6월 17일에야 끝나는군."

과연 그 시간이 지나면 정말 예전처럼 지구가 깨끗해질 수 있을까? 사람들이 지구로 돌아올 수 있을까?

왠지 나는 그런 미래를 영원히 만나지 못할 것 같았다.

> 전자 쓰레기는 왜 유독 위험하고,
> 함부로 버려서는 안 되는 걸까?

박스, 페트병, 캔, 병처럼 재활용할 수 있는 쓰레기는 한눈에 봐도 재료가 뭔지 알 수 있어. 박스는 종이, 페트병은 플라스틱, 캔은 알루미늄이나 철로 되어 있고, 병은 유리로 되어 있지.

전자 제품인 스마트폰을 한번 볼까? 겉은 플라스틱이나 유리 등으로 둘러싸였어. 그 속에는 각종 금속들로 만들어진 전자 부품들이 들어 있지. 이 부품들이 전자 쓰레기를 함부로 버려서는 안 되는 이유야.

 전자 쓰레기 속에 숨어 있는 것들

스마트폰 속에는 부품이 자그마치 약 700개 이상 들어 있어. 배터리와 핵심 부품인 CPU, RAM, GPU를 비롯해 인쇄 회로 기판, 카메라 관련 부품, 터치스크린 패널, 진동 모터, 충전 관련 부품, 안테나, 스피커 등등. 손바닥만 한 스마트폰에 이렇게 많은 부품이 들어 있다니 상상도 못 했을 거야.

이러한 전자 부품을 만들 때에는 전류가 잘 흐르게 하는 금속과 전기가 합선되어 불이 나지 않게 하는 난연제가 필요해. 여기에 사용되는 금속으로는 금, 은, 구리, 알루미늄, 납, 수은, 크롬, 카드뮴 등이 있어. 난연제로는 폴리브롬화비페닐(PBBs)과 폴리브롬화디페닐에테르(PBDEs)가 사용되지.

이 중 납, 수은, 크롬, 카드뮴과 같은 금속들은 다른 금속들보다 무거워서 '중금속'이라고 불러. 문제는 이러한 중금속과 난연제가 환경과 사람의 몸에 악영향을 미치는 유해 물질이란 점이야. 전기가 흘러야 하는 전자 제품들은 대부분 이런 유해 물질들이 들어 있지.

그나마 다행인 건 많은 나라와 기업들이 중금속과 난연제를 사용하지 않는 전자 제품을 만들기 위해 노력하고 있다는 거야. 유럽의 경우, 2006년 7월부터 중금속과 난연제가 포함된 전자 제품을 수입하지 않도록 하고 있어.

전자 제품 속 중금속, 돌고 돌아 우리에게 돌아온다

2019년에 전 세계에서 버려진 전자 쓰레기 양은 무려 5,360만 톤이야! 이 속에는 수은이 약 50톤 들어 있어. 수은은 온도계, 건전지, 형광등 등에도 들어가는 중금속인데, 사람의 몸에 쌓이면 중추 신경계를 손상시키지.

수은과 같은 중금속을 태우면 그 물질이 기체가 되어 공기 중에 떠다니고, 땅에 묻으면 토양에 녹아들어. 비가 오면 공기와 토양에 있던 물질들이 지하수와 바다까지 흘러들어 가. 그럼 바다 생물들이 바닷물에 녹아든 수은을 자연스럽게 섭취하게 되지.

여기서 끝이 아니야. 수은은 한 번 몸에 들어가면 몸 밖으로 배출되지 않고 계속 쌓여. 작은 물고기를 먹은 큰 물고기는 작은 물고기 몸에 든 수은을 고스란히 제 몸에 쌓게 되는 거야. 그래서 먹이 사슬의 최상위층으로 올라갈수록 몸에 쌓인 중금속의 농도가 매우 높아지지. 그리고 이런 물고기를 우리가 먹는다면? 우리 몸에도 차곡차

곡 중금속이 쌓이겠지.

 일본에서는 수은과 관련해 큰 사건이 일어난 적이 있어. 1952년, 일본의 미나마타 시에서 갑자기 고양이들이 몸을 떨다가 쓰러져 죽고, 하늘을 날던 새들이 떨어지는 일들이 벌어졌어.

 얼마 후, 그곳에 살던 사람들도 손발을 떨기 시작하더니 걷지도 못하고 몸이 뒤틀리며 픽픽 쓰러졌지. 그곳에서 태어난 아기들은 뇌성 마비 같은 장애를 안고 태어나기도 했어.

 알고 보니 근처 비료 공장에서 폐수를 내보냈는데, 그 폐수에 많은 수은이 들어 있었던 거야. 그 사실을 모르는 주민들은 근처 마을에서 잡은 어패류를 먹고, 수은에 중독되어 큰 피해를 입은 것이지.

 이 질병은 지역 이름을 따서 '미나마타 병'으로 불렸어. 이 일로 피해를 입은 사람은 수만 명이나 되고, 목숨을 잃은 사람도 천 명이 넘는단다.

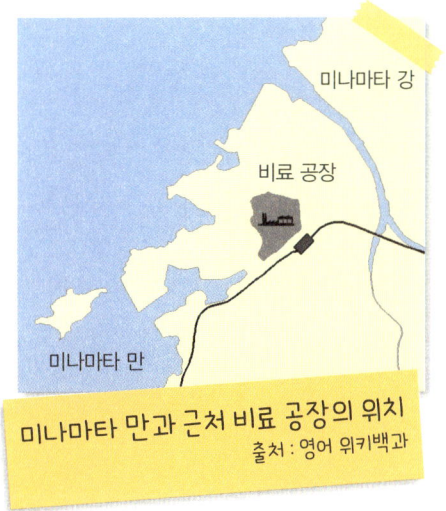

미나마타 만과 근처 비료 공장의 위치
출처 : 영어 위키백과

 이렇게 지구의 환경, 생태계는 우리와 따로 떼려야 뗄

미나마타 병 시립 박물관의 기념비

수 없는 관계에 있어. 그렇기 때문에 우리가 전자 쓰레기를 어떻게 버리느냐에 따라 재활용되어 새 제품으로 거듭날 수도 있지만, 유해 물질이 되어 자연환경과 사람, 동물에 해를 입힐 수도 있는 거지.

 지구를 위협하는 전자 쓰레기

탄소 발자국이라는 말을 들어 본 적이 있니? 우리가 생활하거나, 상품을 만들고 소비하는 과정에서 나오는 이산화탄소 발생량을 '탄소 발자국'이라고 해.

적당한 이산화탄소는 지구의 온도를 지키는 데 꼭 필요해. 하지만 이산화탄소가 너무 많아지면 지구 온난화를 일으키지. 그렇다면 우리가 자주 사용하는 물건들을 만드는 데 탄소 발자국이 얼마만큼 생기는지 살펴볼까?

종이컵 한 개를 만드는 데 11g, 과자 한 봉지를 생산하는 데 250g, 햄버거 한 개 만드는 데 약 2,500g의 탄소 발자국이 생겨. 뿐만 아니라 자동차를 타고 10km를 이동할 때도 2,400g의 탄소 발자국이 발생하지. 그래서 많은 사람이 탄소 발자국을 줄이기 위해 일회용품을 쓰지 않으려 하고 대중교통이나 자전거를 타고 이동하려고 한단다.

특히 전자 제품을 만들고, 전자 쓰레기를 처리할 때에는 어마어마한 탄소 발자국이 발생해. 스마트폰 한 대를 만드는 데에는 60,000g, 컴퓨터 한 대를 만드는 데에는 275,000g의 탄소 발자국이 생기지.

UN 보고서에 따르면 재활용되지 못하고 버려진 냉장고와 에어컨에서 냉매로 쓰이는 프레온 가스가 누출되어 9,800만 톤의 이산화탄소가 생겼다고 해.

이렇게 탄소 발자국이 계속 나온다면 지구의 온도는 점점 오르게 될 거야. 지구 온난화로 인해 폭염과 홍수, 태풍과 같은 이상 기후가 빈번해지고, 식량도 재배할 수 없게 되지.

생태계에도 큰 문제가 생겨. 기후 변화로 서식지가 줄어든 뱅갈 호랑이는 멸종 위기에 몰렸어. 폭염으로 치타와 바다거북의 개체 수도 줄어들고 있어.

또 지구가 뜨거워지면 꽁꽁 얼어 있어야 할 남극과 북극의 빙하가 녹게 돼. 그렇게 되면 해수면이 점차 높아지고, 저지대에 있는 나라들은 바닷속으로 가라앉을 수도 있어. 실제로 태평양의 작은 섬나라 투발루는 빠르면 50년 이내에 물에 잠겨 사라질 위기에 처했어. 빨리 방법을 찾지 않으면 먼 미래가 아니라 당장 우리에게 큰 위기가 찾아올 거야.

그 많은 전자 쓰레기들, 어디로 갈까?

　1997년, 북태평양에 사람이 살지 않는 새로운 섬이 두 곳이나 발견됐어. 이 섬은 온갖 플라스틱과 페트병, 비닐 등 해양 쓰레기로 이루어진 쓰레기 섬이야. 바다에 버려진 쓰레기들이 해류와 바람에 휩쓸려 다니다가 한곳으로 모여 거대한 섬을 이룬 거야. 그 면적이 한반도의 7배나 된다고 해.

　혹시 바다거북 코에 빨대가 박혀 있는 사진을 본 적이 있니? 이 사진이 전 세계에 퍼지면서 많은 사람들이 충격에 빠졌지. 이 외에도 인터넷에 검색하면 목에 플라스틱 그물이 걸려 옴짝달싹 못하는 물범, 플라스틱을 쪼아 먹는 바다새의 사진들을 쉽게 찾아볼 수 있어.

　이러한 해양 쓰레기는 바다거북 한 마리, 바다새 한 마리에만 영향을 주는 게 아니야. 바다 전체의 생태계를 위협해. 쓰레기에서 나온 미세 플라스틱들이 바다를 덮어 햇빛을 차단해서 플랑크톤을 잘 자라지 못하게 하거든. 그렇게 되면 플랑크톤을 먹고 사는 물고기 수도 줄어들고, 결국 바다의 먹이 사슬이 무너지게 돼. 이렇게 많은 쓰레기들이 바다에 버려져서 다양한 문제를 일으키지.

　그렇다면 전 세계에서 함부로 버려지는 전자 쓰레기들은 모두 어디로 가는 걸까? 전자 쓰레기들 중 약 20%만 재활용되고, 나머지는 일반 쓰레기로 버려서 태우거나 땅에 묻어. 혹은 다른 나라로 옮긴다고 해. 20년 전까지만 해도 전 세계에 버려진 전자 쓰레기들 중 70% 이상이 중국으로 향했어. 왜 중국일까?

 1978년, 중국은 개혁 개방 정책을 펼쳤어. 중국 곳곳에서 새로운 산업들이 활발하게 시작됐지. 그중 구이위 마을은 원래 재활용 산업이 활발했던 곳이었어. 그러다 보니 자연스럽게 전자 쓰레기를 수입해서 재활용하는 일을 했지. 그런데 그 일을 하는 사람들이 간단한

개발 도상국으로 보내는 전자 쓰레기
ⓒThousandways
출처 : 위키피디아 커먼스

보호 장구도 없이 맨손으로 전자 쓰레기를 부수고 태웠던 거야. 그 결과, 환경이 심각하게 오염되었고 사람들의 건강까지 나빠졌어.

결국 2007년부터 중국 정부는 전자 쓰레기를 처리하는 산업을 단속했어. 지금은 중국 대신에 규제가 엄격하지 않은 아프리카, 인도, 베트남, 방글라데시 등의 개발 도상국으로 전자 쓰레기들이 불법적으로 흘러들어 가고 있어.

전자 쓰레기를 주로 배출하는 나라들은 미국, 유럽, 아시아 등지에 있는 선진국들이야. 그래서 많은 환경 단체들이 잘사는 나라들이 가난한 나라들에게 전자 쓰레기를 떠넘기고 있다고 비판하고 있어. 이 이야기는 뒤에서 자세히 들려줄게.

이야기 셋

학교 말고 전자 쓰레기 산으로 가는 아이들

"오마르! 어서 일어나! 일하러 가야지!"

아직 해도 뜨지 않은 새벽이었다. 나는 떠지지 않는 눈을 비비며 간신히 일어났다.

"좀만 더 자고 싶은데……."

"안 돼. 빨리 나가서 일해야 돈을 벌지!"

나는 엄마 등쌀에 떠밀려 어제 먹다 남긴 작은 빵 조각을 쥐고 집을 나섰다. 빵을 씹으며 걷고 또 걸었다. 너무 졸려 눈이 자꾸만 감겼다.

일터에 도착하려면 더 가야 하는데 벌써 검푸르고 매캐한 연기들이 먹구름처럼 몰려왔다. 시커먼 연기들이 덥석 나를 잡아 삼켰다.

 검은 연기를 마시자마자 숨이 막히고 기침이 쏟아졌다. 가슴도 찌릿찌릿 아팠다. 조용한 새벽, 여기저기서 기침 소리가 들려왔다. 주변을 살펴보니 나처럼 그곳으로 향하는 친구 몇몇이 눈에 띄었다. 열 살은 되어 보이는 아이도 있었고, 다섯 살, 여섯 살 정도로 보이는 어린아이들도 간간이 있었다.

 내가 사는 가나 아그보그블로시에는 학교에 가지 않고 나처럼 돈을 버는 아이들이 아주 많다. 모두 일자리를 찾아 조금이라도 돈을 벌 수 있는 이곳으로 모여든 것이다.

 기침이 조금씩 잦아들고, 어느덧 일터에 도착했다. 어느새 어슴푸레 해가 떠오르고 있었다. 오늘도 전자 쓰레기들은 곳곳에 산처럼 쌓여 있었다. 타고 남은 잔재들이 끝없이 펼쳐져 있었다. 마치 거대한 검은 카펫을 깔아 놓은 것 같았다.

 집이 없는 아이들이 검은 카펫을 집 삼아 밤을 보냈다. 나는 엄마, 아빠와 함께 좁은 판잣집에서라도 살고 있지만 시골에서 혼자 돈을 벌러 온 아이들은 그렇지 못했다. 눕는 곳이 집이고, 방이었다.

 일터 이곳저곳에서 벌써부터 불이 타오르고 있었다. 나보다 먼저 온 아이들이 구리와 알루미늄 같은 고철을 찾기 위해 케이블, 폐전선, 타이어 따위를 태우고 있었다. 시커먼 연기에 눈이 따끔거렸다.

시린 눈을 비비며 나도 고철이 들어 있을 만한 물건들을 찾기 시작했다. 플라스틱 더미를 뒤지다가 깨진 유리에 손가락을 베었다. 하지만 이런 상처쯤은 별거 아니다. 상처 사이로 피가 번져 나왔지만 옷에 스윽 문지르고 다시 폐전선과 케이블을 찾았다.

"오마르, 안녕!"

누군가 다가와 내게 반갑게 인사를 건넸다. 고개를 들고 보니 이곳에서 가끔 만나는 부바였다.

"어? 부바, 오늘 학교 안 갔어?"

내가 묻자 부바가 씨익 웃었다.

"주말이잖아. 그래서 돈 벌러 왔지."

"아, 그렇네. 벌써 주말이구나."

부바는 나보다 한 살 어린데도 학교를 다녀서인지 아는 것이 많고 똑똑했다.

부바는 내 옆에 자리를 잡고 케이블을 찾으며 물었다.

"아그보그블로시에 온 지 얼마나 됐다고 했지?"

"이제 한…… 반 년 정도?"

"돈은 많이 모았어?"

"그냥 그렇지. 빨리 돈 모아서 나도 너처럼 학교에 가고 싶어."

말은 그렇게 했지만 사실 학교를 갈 수 있을지 잘 모르겠다. 하루 종일 일해 봤자 겨우 한두 끼 먹을거리를 살 수 있기 때문이다.

우리는 이런저런 이야기를 하며 잔뜩 쌓인 전자 쓰레기를 파헤쳤다. 시간이 흐를수록 더 많은 친구들과 동생들, 형들이 나와 전자 쓰레기 더미를 뒤지고 있었다. 그리고 소들이 무리 지어 쓰레기들 사이에 있는 잡초를 뜯어먹는 모습이 보였다.

한참을 고개를 숙이고 전자 쓰레기를 뒤졌더니 뒷목이 뻐근해졌다. 아침부터 뜨겁게 내리쬐는 햇빛에 땀이 비처럼 쏟아졌다. 자꾸 달라붙는 모기를 손으로 쫓을 힘도 남아 있지 않았다.

어느 정도 케이블과 폐전선들을 모으고 나와 부바는 불을 지폈다. 햇볕도 뜨거웠지만 불을 피우니 열기와 연기에 숨이 턱 막혔다. 흐르는 땀과 사방에서 퍼지는 연기 때문에 정신을 차리기가 어려웠다.

잠시 뒤, 케이블과 폐전선을 둘러싼 고무와 플라스틱 따위가 모두 타고 구리만 남았다. 우리는 근처 개천으로 가서 뜨거운 구리를 물에 담가 식혔다. 목이 몹시 말랐지만 시커먼 개천 물을 마실 수는 없었다. 부바와 나는 구리들을 챙기고 버려진 냉장고 위에 잠시 앉았다. 한 여자아이가 바구니를 머리에 이고 다가왔다.

"물 안 필요해?"

아그보그블로시의 물은 심각하게 오염되어 있어서 함부로 마실 수가 없었다. 근처에 있는 오다우 강도 시커멓게 변한 지 오래고 악취만 풍겼다. 그래서 여자아이들이 이곳을 돌아다니며 물을 팔았다. 나는 목이 몹시 말랐지만 조금 참기로 했다.

그때 한 아저씨가 달려와 여자아이에게 물을 샀다. 아저씨는 물을 한 모금 마시며 씁쓸한 얼굴로 말했다.

"예전에는 여기도 참 깨끗했다는데 왜 이 지경까지 됐는지······."

아저씨의 말이 믿기지 않아 물었다.

"여기가 깨끗했다고요?"

"응. 맹그로브 습지가 아름답게 펼쳐져 있었고, 오다우 강에는 싱싱한 물고기가 넘쳐났다고 들었다. 지금은 새까맣게 변해서 죽음의 강이 되어 버렸지만."

아저씨는 물을 모두 들이켜고는 일하던 자리로 돌아갔다. 우리도 다시 일을 시작했다. 폐전선을 찾던 나는 쓰레기 더미 속에서 무언가 발견했다.

"어! 자석이다!"

텔레비전 스피커에 달린 자석을 주웠다. 자석이 있으면 잔재에 남

아 있는 고철들을 쉽게 찾을 수 있다. 오늘은 운이 좋은 것 같다.

한쪽에서는 형들이 브라운관 텔레비전을 망치로 깨부수고 있었다. 유리 안에 돈이 될 만한 철들이 있기 때문이다. 어떤 형은 망치로, 어떤 형은 커다란 돌을 던져 유리를 깨고 있었다. 그래서 유리 파편이 사방으로 튀었다. 나와 부바는 조금 떨어진 곳으로 가서 다시 고철들을 찾았다.

그때였다.

"으악!"

한참 쨍그랑쨍그랑 소리가 들리더니 비명이 들려왔다. 아까 돌을 던지던 형의 다리에서 피가 뚝뚝 떨어지고 있었다. 같이 있던 형이 걱정스러운 얼굴로 다리를 살피고 있었다.

"피가 많이 나는데."

부바가 걱정스럽게 말하자 나는 가슴이 답답해졌다.

"이런 적이 한두 번인가 뭐. 얼마 전에 같이 일하던 형은 손가락이 잘렸는데, 병원에도 안 가고 소독약만 발랐대. 계속 덧나서 고생하고 있더라."

아니나 다를까. 다리를 다친 형도 상처를 돌볼 생각은 없어 보였다. 형은 땅에 떨어진 더러운 걸레를 툴툴 털더니 피가 나는 다리에 대충 휘감고 다시 유리를 깼다.

이런 곳에서 마스크도, 장갑도 없이 반소매 옷과 반바지만 입고 일하다 보면 화상을 입고 피부가 찢어지는 건 일상이었다.

"엄마가 그러는데, 우리는 아마 오래 못 살 거래."

자석을 들고 고철을 찾던 나는 부바의 말에 허리를 폈다.

"그게 무슨 말이야?"

부바는 우울한 눈으로 쓰레기 더미를 보았다.

"전선을 태우면 연기가 엄청 나잖아. 그거 몸에 정말 안 좋대."

"그렇겠지. 나도 연기를 마시면 기침 나고 가슴이 아파. 그래도 어쩔 수 없어. 돈을 벌려면……."

"그건 그렇지. 나도 겨우 학교에 다니고 있지만. 밥도 먹고, 책을 사려면 돈이 있어야 하니까. 근데 너 그거 알아? 선생님이 그랬는데 여기가 '소돔과 고모라'라고 불린대."

"소돔…… 뭐? 그게 뭔데?"

내가 어리둥절한 얼굴로 묻자 부바가 말했다.

"성경에 타락한 도시가 나오는데 그 도시 이름이 소돔과 고모라거든. 여기가 그만큼 타락했단 뜻이지."

나는 주변을 살펴보며 고개를 끄덕였다. 역시 학교를 다니는 부바

녀석은 아는 게 많다.

　점심때가 되자 부바는 부모님과 밥을 먹는다며 모은 구리들을 가지고 먼저 돌아갔다. 나는 음식을 팔러 온 누나에게서 작은 빵과 물을 사서 허겁지겁 먹었다. 그러고 나서 다시 자석을 들고 고철을 찾기 위해 잿더미들을 살폈다. 그때 한 형이 다가와 자석을 빼앗았다.

"안 돼! 그거 내 건데!"

"여기에 네 거 내 거가 어디 있어? 손에 쥔 사람이 주인이지!"

　형은 위협하듯이 말하고는 내 자석을 들고 가버렸다. 덩치 큰 형이라 한번 덤벼 보지도 못하고 자석을 뺏기고 말았다. 너무 억울해서 눈물이 날 것 같았지만 오전에 모은 구리와 고철들을 빼앗기지 않았으니 그나마 다행이었다.

오후 내내 나는 다시 케이블과 폐전선들을 모아 불태웠다. 오늘은 그래도 양이 제법 되었다. 머리 위를 쨍쨍 내리쬐던 해도 어느새 뉘엿뉘엿 넘어가고 있었다.

아침부터 저녁까지 모은 고철들을 들고 고철상으로 향했다. 고철상 아저씨가 고철 무게를 재고는 12세디(2022년 기준 우리나라 돈으로 약 1,300원)를 주셨다.

배에서는 꼬르륵 소리가 났다. 엄마와 아빠와 함께 저녁을 먹기 위해 발걸음을 재촉했다. 달리고 싶지만 뛰면 가슴을 누군가 바늘로 콕콕 찌르는 것처럼 아파서 뛸 수가 없다. 아까 낮에 부바가 한 말이 생각났다. 한없이 가슴이 답답해졌다.

하루빨리 여기서 벗어나 학교에 가서 공부도 하고 싶다. 그리고 친구들과 신나게 달리며 축구도 하고 싶다.

내가 그런 날을 만날 수 있을까?

> **가난한 나라로 옮겨지는
> 전자 쓰레기 그리고 어린이 노동자들**

2000년 즈음, 가나의 테마 항구에는 매달 500~1000개의 컨테이너가 은밀히 들어오기 시작했어. 그 수상한 컨테이너에는 뭐가 들어 있을까?

그 속에 가득 차 있는 건 바로 전자 쓰레기였어. 주로 유럽, 호주 등 선진국에서 보낸 것들이지. 이 나라들은 왜 자기 나라에서 전자 쓰레기를 처리하지 않고 개발 도상국으로 보냈을까?

전자 쓰레기를 재활용하려면 각종 전자 쓰레기를 모아 분류하고, 파쇄한 다음에, 재활용에 관한 처리 작업을 해야 해. 그 과정은 꽤 까다로워서 비용이 많이 들어. 자기 나라에서 전자 쓰레기를 처리하는 데 드는 비용이 100만 원이라면, 인건비가 싼 나라로 보내 처리하면 10만 원 정도밖에 들지 않아. 인건비가 싼 나라들은 주로 개발 도상국과 같이 가난한 나라들이 많아. 이 나라의 사람들은 설령 힘든 노동을 하고서 적은 대가를 받더라도 당장 먹고살 일을 구해야 해. 그래서 인건비가 저렴하지. 이런 이유로, 선진국들이 이 전자 쓰레기들을 개발 도상국에 떠넘기는 거야.

사실 전자 쓰레기만 이렇게 하는 건 아니야. 엄청난 양의 플라스틱 쓰레기도 선진국에서 개발 도상국으로 옮겨져. 심지어 우리나라도 쓰레기를 다른 나라로 내보낸 적이 있어.

2018년 7월, 우리나라 기업이 플라스틱 쓰레기를 불법으로 필리핀에 수출했어. 그 사실을 안 필리핀의 환경 단체와 주민들이 한국어로 쓰인 현수막과 팻말을 들고 나와 시위를 했지. 현수막과 팻말에는 '쓰레기를 다시 가져가세요!', '우리는 한국의 쓰레기통이 아니다!', '한국으로 반송!' 같은 문구들이 적혀 있었어.

당시 필리핀에 보낸 쓰레기 무게는 무려 6,500톤이나 됐어! 합성 플라스틱 조각이라는 이름으로 수출되었지만 그 속에는 전자 제품, 배터리, 전구, 비닐, 심지어 기저귀 같은 온갖 쓰레기들이 섞여 있었어. 결국 우리나라 환경부가 나서서 다시 한국으로 가져왔지.

그뿐만이 아니야. 2019년에는 말레이시아 정부에서도, 인도네시아 정부에서도 일본, 캐나다, 미국, 호주 등에서 수입된 불법 쓰레기를 돌려보냈어.

가난한 나라들은 왜 다른 나라의 쓰레기를 받는 걸까? 앞서 이야기했듯 전자 쓰레기에는 많은 자원이 숨어 있어. 물건을 만들 원자재가 부족한 개발 도상국들은 전자 쓰레기 속 자원을 얻기 위해 전자 쓰레기를 싼값에 사들이는 거야.

또한 가난한 나라에서는 일자리를 찾기가 쉽지 않은데 이 전자 쓰레기를 태우면 사람들이 돈을 벌 수 있어. 그래서 전자 쓰레기를 처리하는 과정이 환경을 오염시키고 국민들의 건강에도 좋지 않다는 걸 알면서도 눈을 감고 있는 실정이야.

실제로 가나에서는 선진국에서 보낸 전자 쓰레기를 처리하면서 매년 1,000억~3,500억 원 이상 수익을 얻었어. 아그보그블로시에서만 만 명 이상의 사람들이 이 일을 하며 생계를 이어 나갔어. 그렇기

가나 아그보그블로시의 전자 쓰레기
ⓒMuntaka Chasant
출처 : 영어 위키피디아

가나 아그보그블로시에서 아무 안전 장비 없이
전자 쓰레기와 환경 오염에 노출된 사람들
ⓒMarlenenapoli
출처 : 영어 위키피디아

가나 아그보그블로시에서 수거된
스마트폰 쓰레기 자루들
ⓒFairphone - Day 6 Warehouse
출처 : 위키미디어 커먼스

때문에 가난한 나라들은 쉽사리 전자 쓰레기를 수입하는 걸 막을 수 없는 거야.

그런데 2021년 7월, 가나 정부는 갑자기 전자 쓰레기를 처리하는 곳과 사람들이 살고 있는 판잣집들을 예고도 하지 않고 모두 철거해 버렸어.

환경과 사람들의 건강을 파괴하는 전자 쓰레기 처리장이 없어져서 다행이다 싶기도 해. 하지만 한편으로는 그곳에서 일하던 사람들은 아무 대책도 없이 하루아침에 일할 터전과 살던 집을 잃었으니 정말 안타까운 일이야.

이렇게 아그보그블로시의 전자 쓰레기 처리장은 사라졌지만 나이지리아, 인도, 파키스탄 등에서는 여전히 전자 쓰레기를 처리하고 있지. 그리고 전 세계에서 버려지는 전자 쓰레기들이 지금처럼 줄어들지 않는다면 우리는 제2, 제3의 아그보그블로시를 만나게 될지도 몰라.

국가 간 쓰레기 이동을 막는 바젤 협약이 있지만

사실 나라와 나라 사이에 재활용할 수 있는 쓰레기를 사고파는 게 다 불법은 아니야. 실제 동남아시아에서는 재활용 쓰레기를 매우 적극적으로 수입했어.

환경부에 따르면, 1톤의 폐지를 재생해서 쓰면 석유 1,500리터, 물 28톤을 아낄 수 있다고 해. 알루미늄 캔 1톤은 100와트짜리 전구를 4시간 동안 켤 수 있는 에너지를 가지고 있어. 즉 자원이 부족한 나라가 볼 때 쓰레기는 곧 자원이 되는 거지. 하지만 쓰레기에는 환경과 사람들의 건강을 위협하는 유해 물질들이 많이 들어 있다는 것도 분명한 사실이야.

유럽 연합을 비롯한 여러 선진국들은 사람들의 건강과 환경을 해치는 쓰레기들이 개발 도상국으로 무분별하게 옮겨지는 걸 막아야 한다고 생각했어. 그래서 1989년 3월, 116개국이 스위스 바젤에 모여서 국제 환경 협약인 '바젤 협약'을 맺었지. 협약은 1992년에 발효되었어. 우리나라도 1994년에 가입

바젤 협약 로고

했고 2023년에는 188개국이 가입된 상태야.

다른 나라로 쓰레기를 옮기려면 이 협약에 규정된 내용에 따라서 해야 해. 그런데 문제는 이 협약이 있음에도 불구하고 선진국들이 온갖 전자 쓰레기들을 구호품 혹은 중고품인 척해서 불법적으로 개발 도상국에 보낸다는 거야.

전자 쓰레기를 수출하는 건 국제법상 불법이야. 하지만 '이건 전자 쓰레기가 아니고 다시 사용할 수 있는 중고 전자 제품이야'라고 팔면 아무 문제가 없다는 점을 악용하는 거지. 게다가 선진국들은 폐기물 처리 관련 법규들이 빠르게 만들어지고 비교적 철저하게 지켜지고 있지만 개발 도상국들은 그렇지 않아. 개발 도상국에서는 전자 쓰레기로 인한 오염이나 안전에 대한 법규나 제도가 부족해서 어떤 대비도 없이 처리되기 쉬워.

이렇게 중고품인 척 개발 도상국으로 흘러들어 간 전자 제품들이 정말 쓸 만한 상품이라면 다행이겠지만 75%는 폐기 처분을 해야 할 전자 쓰레기지. 이 중 쓸 만한 것들만 추려서 중고 시장으로 보내고, 나머지는 마을 곳곳에 쌓여 사람들이 맨손으로 처리하는 거야.

바젤 협약이 발효된 지 30년이 지났어. 하지만 선진국들은 경제적 이익 때문에 여전히 전자 쓰레기를 개발 도상국에 떠넘기고 있어.

쓰레기장으로 일하러 가는 어린아이들

　이야기에서 만난 오마르처럼 전자 쓰레기를 주우며 사는 아이들이 정말 많아. WHO에 따르면 전 세계적으로 1,800만 명이나 되는 5~17세 어린이가 전자 쓰레기를 분리하는 일을 한다고 해. 2023년 기준으로 우리나라 0세부터 19세까지의 인구가 약 800만 명 정도인데, 1,800만 명은 이보다 2배가 넘는 수치야.

　그리고 이야기의 무대가 된 가나에는 200만 명이나 되는 어린아이들이 학교에 가지 않고 일을 해. 이 가운데 14%는 아주 위험한 일을 하지. 10대 청소년들은 물론이고 5세 이하의 어린아이들까지 작은 손으로 일하는 모습을 쉽게 볼 수 있어.

　특히 가나의 아그보그블로시는 전 세계 최대의 전자 쓰레기 처리장이었어. 실제로 많은 아이들이 이곳에서 일을 했단다. 남자아이들은 전자 쓰레기를 파헤치고 태우면서 그 속에 든 자원을 찾아다녔어. 여자아이들은 일하는 아이들과 고철상에 먹을거리를 들고 다니며 팔았어.

　그런데 아이들은 아무런 안전 장비도 없이 얇은 반소매 티셔츠와 반바지를 입은 채 일을 해야 했어. 돌과 망치, 해머를 써서 전자 쓰레기를 부수고, 구리를 찾으려고 폐전선을 태우기 때문에 늘 크고 작은 상처를 입었지. 유리 조각이 튀어 손가락이 절단되기도 하고, 불에 데여 큰 화상을 입기도 하지만 제대로 된 치료도 받지 못했어.

게다가 전자 쓰레기를 태울 때 나오는 중금속 증기는 몸에 몹시 해로워. 한창 성장할 시기의 아이들이 이 증기를 쐬면 뇌와 신경계에 손상을 입어 성장 발달에 나쁜 영향을 받지. 이곳에 있는 아이들 상당수가 두통, 피부염, 현기증, 위염, 호흡기 질환 등을 앓았어.

하루 종일 위험한 일을 하고 나서 아이들이 받는 돈은 얼마나 될까? 우리나라 돈으로 겨우 1,000~3,000원 정도야. 그곳에서 햄버거 하나를 사먹으려면 약 6,000원 정도가 필요한데 말이야. 아이들은 하루 종일 검은 연기 속에서 일하고도 한 끼도 못 사 먹을 돈을 버는 거야.

심지어 엄마, 아빠도 없이 시골에서 돈을 벌기 위해 혼자 이곳으로

햄버거 한 개 6000원

하루 종일 일해서 1000~3000원

온 아이들은 마음 편히 지낼 집도 없었어. 그 아이들은 전자 쓰레기 폐기장 창고 근처에서 잠을 자는데 온갖 벌레와 모기에게 시달려야 했지.

이렇게 열악한 환경에서 일하고 적은 돈을 받으며 힘겹게 생활하던 아이들은 모두 어디로 갔을까? 아마도 불법적으로 생겨나는 또 다른 전자 쓰레기 처리장이나 더 좋지 않은 환경의 일터로 갔을 확률이 높단다.

전자 쓰레기가 우리 몸에 미치는 영향

중국 산터우 시에도 아그보그블로시처럼 전자 쓰레기를 처리하는 마을이 있었어. 바로 앞서 말했던 구이위 마을이야. 전 세계에서 가장 많은 쓰레기를 수입하던 중국이 2018년 플라스틱 쓰레기를 수입하는 걸 금지시켰어. 이를 시작으로, 금지 품목을 단계적으로 늘려서 2021년에는 모든 고체 쓰레기의 수입을 금지시켰어. 여기에는 전자 쓰레기도 포함되어 있단다. 하지만 그 이전까지만 해도 얼마나 많은 전자 쓰레기를 가져왔는지 '전자 쓰레기들의 무덤'이라고 불릴 정도였지.

1980년대 말부터 미국, 일본, 한국 등 전 세계에서 버려진 전자 쓰레기 중 70%가 이곳으로 모였어. 마을 사람들은 대부분 전자 쓰레기를 처리하는 일을 했어. 문제는 이곳에서 일하는 사람들도 아무런 보호 장구 없이 맨손으로 전자 쓰레기에 든 인쇄 회로 기판을 부수고 태워서 금, 은, 구리, 크롬, 아연 등을 찾았다는 거야.

　인쇄 회로 기판의 전자 소자나 부품들은 대부분 납땜으로 전선과 연결되어 있어. 그래서 불에 태우면 납 증기가 나와. 마스크 같은 간단한 장비도 하지 않고 작업하던 사람들은 그 가스를 고스란히 마실 수밖에 없었어. 납 증기는 몸 밖으로 빠져나가지 않고 쌓여서 신경을 망가뜨리지.

　특히 어린아이들은 몸집이 작고, 성장하는 중이기 때문에 이런 유독 물질에 노출되면 매우 위험해. 어른들에 비해 몸에 들어온 유해 물질을 제거하는 능력도 떨어지지.

　실제로 2005년 산터우 외과대학에서 구이위 아이들의 건강을 조사했는데, 그 결과는 충격적이었어. 무려 80% 이상의 아이들이 납에 중독되어 있었던 거야. 6세 이하 아이들은 혈액에서 아연이 정상 범위보다 3배 이상 검출되었지. 혈액이 굳는 혈전증으로 고통받는 사람도 다른 마을에 비해 2배나 높았어. 각종 피부병, 호흡기 질환, 암과

백혈병에 걸린 사람도 많았어.

아그보그블로시도 사정은 다르지 않아. 근처의 오다우 강에서는 몸에 위험할 정도로 구리, 납, 철, 크롬, 니켈, 카드뮴 등이 많이 나왔어. 이곳 사람들의 혈액과 소변도 검사해 보았는데 구리, 코발트, 크롬, 철, 주석, 납 등의 농도가 평균보다 훨씬 더 높았어. 아이를 낳은 여성들의 모유에서도 폴리염화비페닐과 같은 환경 호르몬이 매우 높게 나왔지.

이뿐만이 아니라 먹을거리도 심각하게 오염되어 있었어. 이곳에서 키우는 닭이 낳은 알에는 암을 유발하고 면역 체계를 망가뜨릴 수 있는 다이옥신이 평균치보다 220배나 높았어. 이걸 먹는 사람들은 그대로 독성 물질을 흡수하게 되는 거야.

다음은 전자 제품에 쓰이는 여러 물질들이 사람들에게 노출되었을 때 생길 수 있는 질병들이야.

- **배터리, 인쇄 회로 기판에 등에 사용되는 '카드뮴'**
  이타이이타이 병, 호흡 곤란, 간과 신장 장애, 뇌 손상, 골연화증 등.

- **형광등, 배터리, 디스플레이 패널 등에 사용되는 '수은'**
  미나마타 병, 구토, 경련, 신장 및 뇌 손상 등.

- **모니터, 인쇄 회로 기판, 브라운관 유리 등에 사용되는 '납'**
  위장 장애, 중추 신경계 장애, 유산, 뇌 손상 등.

- **LED 조명에 사용되는 '비소'**
  피부 발진, 신경계 이상, 암 유발.

- **브라운관 유리에 사용되는 '크롬'**
  피부염, 경련, 폐암, 호흡 곤란, 신부전 등.

환경과 사람들의 건강을 위협하는 전자 쓰레기 문제가 과연 이곳만의 일일까? 그렇지 않아. 전자 쓰레기에서 나온 유독 가스와 증기들은 대기에 그대로 퍼져 나가. 대기가 순환되어 눈과 비로 전 세계에 흩뿌려지지. 우리가 편리하게 사용하다 아무렇게나 버린 전자 쓰레기들이 다시 우리에게 돌아오는 거야. 우리가 무심코 버린 전자 쓰레기가 생명에 큰 위협이 될 수 있다는 사실을 명심해야 해.

다들 바꾸는데
나도 스마트폰 바꾸면 안 돼요?

"으악! 이 고물 핸드폰!"

연우는 휴대폰이 꺼지는 바람에 알람이 울리지 않아 늦잠을 자고 말았다. 부리나케 일어나 거실로 나온 연우는 엄마에게 소리쳤다.

"엄마! 왜 안 깨워 주신 거예요!"

"얘는, 이제부터 스스로 하기로 했잖니. 스스로 일어나고, 스스로 학교 가고."

느긋한 엄마가 원망스러웠지만 얼른 학교 갈 준비를 해야 했다. 연우는 대충 고양이 세수를 한 후 옷을 갈아입고 후다닥 가방을 멨다.

"알람도 안 울렸는데 깨우지 않다니! 엄마는 너무해!"

연우는 구시렁거리며 학교로 달려갔다. 멀리 한 전자 상가 앞에 사람들이 길게 줄을 서 있었다.

"뭐지?"

가만 보니 새로운 스마트폰이 출시되어 그걸 사기 위한 줄인 것 같았다. 문득 아침에 알람도 울리지 못하고 꺼져 버린 고물 스마트폰이 생각났다.

"나도 새 휴대폰만 있었어도 일찍 일어나는 건데!"

연우는 학교를 향해 달리면서도 부러운 눈길을 거둘 수 없었다. 간신히 지각을 하지 않고 교실에 도착할 수 있었다.

"휴. 다행이다."

그런데 하준이 자리에 친구들이 모여 있었다. 연우는 궁금한 마음에 그쪽으로 다가갔다.

"뭐야? 무슨 일인데?"

하준이 손에는 새로 산 스마트폰이 들려 있었다. 방금 전 전자 상가에 붙어 있던 포스터 속 모델과 같았다.

"어? 이거 새로 나온 거지? 아까 사람들이 이거 사려고 막 줄을 선 거 봤어! 넌 어떻게 벌써 샀어?"

연우의 눈이 휘둥그레져서 물어보자 하준이는 어깨를 으쓱했다.

"미국에서는 우리나라보다 더 빨리 나오는 거 몰라? 우리 이모가 공부 열심히 하라고 미국 출장을 다녀오면서 사다 주셨지!"

"진짜 부럽다. 내 거는 완전 고물인데! 나는 왜 그런 이모가 없는 거야!"

연우는 액정 화면에 금이 간 자신의 스마트폰을 내려다보며 한숨을 푹 쉬었다.

쉬는 시간이 될 때마다 하준이의 새 스마트폰을 보러 아이들이 몰려들었다. 그걸 보자 연우는 집에 가자마자 엄마에게 새 스마트폰을 사 달라고 해야겠다고 결심했다. 차라리 오늘 알람이 울리지 않아서 잘되었다고 생각했다. 스마트폰을 바꿀 핑계가 늘었으니까.

수업이 끝나고 연우는 부리나케 집으로 왔다.

"엄마, 엄마, 엄마!"

연우는 신발도 아무렇게나 내팽개치고 집 안으로 들어갔다. 그런데 엄마는 없고, 아빠가 거실에서 LED 전등을 갈고 있었다. 아빠를 보자 연우는 회심의 미소를 지었다. 엄마보다 아빠가 훨씬 더 부탁을 잘 들어주기 때문이다.

연우는 울상을 지은 채 아빠에게 다가갔다.

"아빠! 저 오늘 지각했어요. 진짜 속상해요."

"뭐? 저런. 아침에 늦게 일어나서?"

"네. 스마트폰을 오래 써서 배터리가 금방 닳아요. 알람도 울리지 않고 꺼졌어요. 그래서 말인데요. 친구들은 다 이번에 나온 스마트폰으로 바꿀 거래요. 저도 바꿔 주시면 안 돼요? 저만 몇 년째 같은 스마트폰을 쓰고 있다고요."

아빠는 연우의 말을 듣고 턱을 쓰다듬으며 고민에 빠졌다. 연우는 속으로 미소를 지었다. 평소에도 아빠는 연우가 불쌍한 표정을 지으면 용돈을 주거나 장난감을 사 주셨다. 이번에도 연우의 전략이

통할 것 같았다.

'제발, 제발, 제발 통해라!'

아빠는 마저 전등을 교체하고서는 손을 탁탁 털며 말했다.

"배터리가 문제니까 배터리만 갈면 되겠구나."

"예에?"

연우는 당황한 얼굴로 아빠를 보았다. 마침 텔레비전에서는 새로 나온 스마트폰 광고가 나오고 있었다. 멋진 사람들이 새로운 스마트폰을 쓰는 모습이 화면 가득 펼쳐졌다. 뜨뜻미지근한 아빠의 반응에 연우는 광고를 가리키며 소리쳤다.

"저것 보세요! 다들 저렇게 멋진 스마트폰을 쓰잖아요."

"저건 물건을 팔기 위한 광고잖니? 당연히 멋지지. 하지만 아빠는 연우가 배터리만 바꿔서 사용하는 게 더 좋을 것 같아."

"아빠, 제발요. 제 스마트폰은 고물 중에서도 최강 고물이에요. 너무 지겨워요. 이런 폰을 쓰는 게 얼마나 창피한지 아세요?"

연우는 아빠 팔을 붙잡고 떼를 쓰기 시작했다. 아빠는 연우를 보고 잠시 생각에 잠겼다.

"연우야. 이것 좀 보렴."

아빠는 공구를 써서 방금 교체한 LED 전구를 분해하기 시작했다. 갑작스러운 아빠의 행동에 연우는 영문을 몰라 멀뚱 지켜보았다. LED 전구 속에는 전선과 LED 모듈, 컨버터 등이 들어 있었다.

"연우야, 간단하게 불만 켜는 전구 속에도 이렇게 복잡한 전자 부품이 들어 있어. 그렇다면 스마트폰은 어떨까?"

"스마트폰이요? 음, 전화도 해야 하고, 인터넷도 해야 하고, 카메라도 있어야 하니까⋯⋯ 훨씬 복잡하지 않을까요?"

"맞아! 그렇게 복잡한 제품을 만들려면 정말 많은 자원이 필요하단다. 그런데 단순히 지겹다는 이유로 버린다면 이 아까운 자원들도 모두 버려지겠지?"

연우는 한숨을 내쉬었다. 아빠의 일장 연설이 시작될 것 같은 예감이 들었기 때문이다.

"새로 바꾸는 건 안 된다는 거죠? 아빠는 안 된다고 이야기할 때 꼭 이렇게 길게 말씀하시던데요?"

아빠는 연우의 당돌한 말에 웃음을 터트렸다.

"연우야. 우리가 스마트폰을 너무 자주 바꾸면."

연우는 아빠의 말을 다 듣지 않고 불쑥 말했다.

"맞잖아요. 안 사 주시겠다는 말이잖아요."

연우는 속상한 마음에 그대로 방으로 들어가 버렸다.

"에잇! 이 고물 스마트폰!"

연우는 꺼진 스마트폰을 책상 위에 툭 던져두고 침대에 누웠다.

"나도 정말 갖고 싶은데. 새 스마트폰!"

연우는 하준이처럼 새 스마트폰을 들고 학교에서 자랑하는 모습을 상상했다.

"진짜 부럽다…….'

그때였다.

"아무리 그래도 그렇지. 나를 이렇게 집어던지다니!"

순간 잘못 들었나 해서 연우는 고개를 들어 방을 둘러보았다. 아무도 없었다. 연우는 당황한 목소리로 외쳤다.

"뭐야, 누구야!"

"누구긴 누구야! 네가 고물이라고 부르는 스마트폰이지!"

그제야 연우는 소리 나는 쪽을 알아챘다. 바로 책상 위에 놓인 스마트폰이었다.

"뭐, 뭐야! 스마트폰이 왜 말을 해?!"

"왜긴? 여기는 네 꿈속이니까 그렇지!"

그 말에 연우가 자기 볼을 꽉 꼬집어 보았더니 정말 하나도 아프지 않았다.

"아, 지금 꿈꾸고 있는 거구나……. 얼마나 스마트폰을 바꾸고 싶었으면 스마트폰이 말을 하는 꿈을 꾸네."

연우가 중얼거리자 고물 스마트폰이 말했다.

"그게 아니라 내가 얼마나 멋진지 알려 주려고 꾸는 거거든?"

그 말에 연우는 코웃음을 쳤다.

"새 상품도 아니면서 뭐가 멋져?"

연우의 스마트폰 화면에 화가 난 이모티콘이 떴다. 그 모습이 귀여워 연우는 자기도 모르게 웃었다.

"연우야. 넌 나에 대해 너무 몰라. 내 몸속에 얼마나 많은 천연 광물들이 들어가는지 알아?"

"어? 아까 아빠도 뭐가 많이 들어간다고 하긴 했는데……."

연우가 볼을 긁적이며 얼버무리자 고물 스마트폰이 말했다.

"잘은 모른단 말이지? 그럼 내가 알려 줄게."

고물 스마트폰은 목소리를 가다듬더니 술술 이야기를 늘어놓았다.

"내 속에는 말이야. 금, 은, 동(구리)은 기본이고 철, 주석, 마그네슘, 텅스텐, 인듐, 갈륨, 탄탈륨, 리튬, 플라스틱, 유리, 알루미늄 등등! 정말 많은 천연 자원들이 들어 있지."

연우는 어리둥절해졌다.

"금이랑 은, 동이 있다고? 그리고 인듐, 갈륨? 그건 대체 뭐야. 너 그냥 플라스틱 본체랑 액정 유리로 된 거 아니었어?"

연우의 스마트폰에 의기양양한 이모티콘이 떴다.

"나에 대해 모르는 게 너무 많은걸? 좋아. 하나하나 알려 주지."

고물 스마트폰은 차근차근 설명했다.

"네가 금, 은, 동을 잘 아는 것 같으니 그것만 설명해 볼까? 내 몸에는 인쇄 회로 기판이 들어가. 인쇄 회로 기판은 여러 전자 부품들을 연결해 주고 전기가 흐르게 도와주는 판이야. 대부분의 전자 제품에 꼭 들어가지. 이 인쇄 회로 기판이 작동하려면 금, 은, 동이 들어가야 한다고! 그게 얼마나 귀한 자원인지는 너도 알지?"

"그거야 그렇지……."

"게다가 그런 자원들은 무한정으로 있는 게 아니야. 언젠가는 사라지고 말아. 연우야, 너 나우루 공화국이라고 들어 봤어?"

"아니. 그게 뭔데?"

고물 스마트폰은 회심의 미소를 띤 이모티콘을 화면에 띄웠다.

"나우루 공화국은 남태평양에 있는 섬나라야. 우리나라 울릉도보다도 작은 나라야. 하지만 1980년대에는 국민들이 일하지 않고도 해외여행을 다닐 만큼 부자 나라였어. 세금도 없었고, 의료비, 교육비도 모두 공짜였지. 심지어 1년에 한 번 모든 국민에게 1억 원씩 생활비도 주었어."

"와. 최고다! 그럼 그 돈으로 스마트폰도 살 수 있겠네! 어떻게 그렇게 막 돈을 줄 수 있지?"

"그 섬에는 인광석이 많았거든. 그걸 팔아서 엄청난 돈을 벌었기 때문이야."

"진짜 좋겠다. 그럼 그 나라에 가서 살면 매년 1억씩 받겠네?"

연우의 질문에 고물 스마트폰은 강하게 진동했다. 그 모습이 마치 고개를 절레절레 흔드는 것처럼 보였다.

"인광석은 새 똥과 산호층이 결합돼 만들어진 자원이야. 다시 말해 한도 끝도 없이 있는 게 아니란 거지. 결국 나우루 공화국에 있던 인광석도 2003년에 모두 없어지고 말았어. 당연히 나라도 돈이 없어져서 지금은 대만의 도움을 받으며 겨우 살아가고 있어."

"그렇구나……."

"이게 과연 나우루 공화국만의 이야기일까? 모든 자원은 나우루 공화국의 인광석처럼 한정되어 있어. 자꾸 쓰면 고갈될 거야."

연우는 고개를 끄덕였다. 생각해 보니 아빠도, 엄마도 항상 물건을 아껴 써야 한다고 말했다. 물건을 만드는 데 많은 자원이 든다고 이야기하셨다. 어쩌면 아빠는 단순히 새 스마트폰을 사 주기 싫은 게 아닐지도 모른다. 그 안에 들어간 자원을 귀하게 여겨서 그렇게 말한 게 아니었을까?

"연우야. 조금 느려졌다고, 유행하는 게 아니라고 버리지 말아 줘. 소중한 자원을 써서 만든 거니까 조금만 더 아껴 줬으면……."

그러더니 고물 스마트폰은 갑자기 뻑! 소리를 내며 꺼져 버렸다.

"으…… 꿈속에서도 방전이라니!"

84

연우는 배터리가 닳은 고물 스마트폰을 들고 요리조리 살펴보았다.

"사실 배터리가 빨리 닳는 거 빼고는 멀쩡하긴 해. 화면이 조금 깨지긴 했지만 잘 보이고. 인터넷, 카메라, 게임 다 잘되고. 그리고 또……."

연우는 웅얼대며 서서히 눈을 떴다. 침대에 누운 채였다.

'꿈에서 깬 거야?'

연우는 벌떡 일어나 스마트폰을 들고 거실로 나갔다.

"아빠! 아빠!"

아빠는 연우의 목소리를 듣고 방에서 나왔다.

"연우야. 무슨 일이니?"

"진짜 배터리만 바꾸면 새 스마트폰처럼 계속 쓸 수 있어요?"

아빠는 연우의 말에 환하게 웃으며 대답했다.

"물론이지!"

"그럼 저 배터리만 바꿀래요. 생각해 보니까 제 스마트폰도 나름 귀엽고 괜찮은 것 같아요. 정도 들었고요."

아빠가 연우를 향해 엄지를 척! 들어 올리자 연우는 활짝 웃었다.

"고물 스마트폰아, 오래오래 같이 지내자!"

> **전자 제품을 만들기 위해
> 얼마나 많은 자원이 쓰일까?**

텔레비전, 휴대폰, 노트북 등 모든 전자 제품에는 꼭 들어가야 하는 것이 있어. 바로 '전자 산업의 쌀'이라고 불리는 반도체야. 반도체는 뉴스나 인터넷에서 한 번쯤 들어 본 적이 있을 거야.

반도체를 한자로 풀어 보면 절반 반(半), 이끌 도(導), 몸 체(體)란다. 그 의미를 살펴보면, 반도체는 전기를 통하게 하기도 하고, 통하지 않게도 할 수 있는 물질이야. 컴퓨터에 꼭 들어가야 하는 CPU, GPU, SSD, RAM, ROM이 모두 반도체지. 이런 작은 칩들이 모여 전자 제품을 작동시킨다니 정말 신기하지.

이렇게 신통방통한 반도체는 어떻게 만들어질까? 눈에도 잘 보이지 않을 2g짜리 작은 반도체 칩 하나를 만드는 데에는 32kg의 물과 1.6kg의 석유, 72g의 화학 물질이 필요해. 여기에는 금, 규소, 붕소,

알루미늄, 인, 비소, 콜탄, 희토류 등의 천연 광물과 질산, 인산, 황산, 불화 수소 등 최소 500~1,000여 종의 화학 물질이 포함되어 있지. 그리고 반도체를 만드는 과정에서 26kg의 산업 폐기물이 나온단다.

이렇게 많은 자원이 사용되고, 산업 폐기물이 나온다고 해서 반도체를 그만 만들 수는 없을 거야. 과학 기술이 발전하는 만큼 반도체는 더 많이 개발되어야 할 테니까. 우리가 매일 사용하는 스마트폰만 하더라도 반도체가 40개 넘게 들어가지.

반도체뿐만 아니라 스마트폰에 필요한 전자 부품을 만드는 데에도 많은 광물이 필요해. 한번 살펴볼까?

액정(터치스크린) : 인듐 등

배터리 : 리튬, 니켈, 코발트 등

인쇄 회로 기판 : 금, 은, 구리, 아연, 주석, 팔라듐 등

마이크, 스피커, 진동 장치 : 니켈, 텅스텐 등

스마트폰 케이스 : 플라스틱, 알루미늄, 탄소, 니켈, 마그네슘 등

이 외에도 탄탈륨, 갈륨, 가돌리늄, 유로품, 란탄 등 처음 들어 보는 수많은 광물들이 들어가. 이렇게 많은 광물 자원들이 들어간 전자

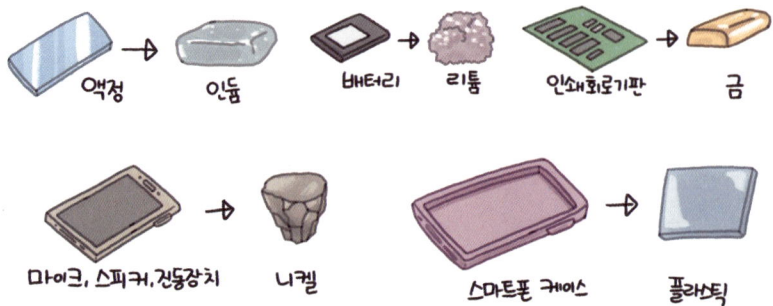

제품들을 쉽게 버리고 새것을 산다면? 쓰레기가 되어 지구를 오염시키는 것에 그치는 게 아니라 새로운 전자 제품을 만들기 위해 한정된 광물들을 계속 캐내야 하는 상황이 이어질 거야.

특히 우리나라는 반도체에 필요한 금속 광물 대부분을 다른 나라에서 수입하고 있어. 이제 정말 전자 쓰레기를 함부로 버리지 않아야 하는 이유를 잘 알겠지?

 전자 제품에 들어가는 많은 광물 자원이 그대로 버려진다

1705년, 세계를 뒤흔들 만한 엄청난 것이 발명되었어. 바로 영국의 토마스 뉴커먼이 만든 증기 기관이야. 증기 기관이란 뜨거운 증기

를 이용해 움직이는 힘, 동력을 얻는 장치야.

그로부터 60년 뒤, 제임스 와트는 증기 기관을 발전시켰어. 이렇게 개발된 기계를 광산과 공장 등에서 널리 쓰면서 생산량이 크게 늘어났단다. 1차 산업 혁명의 문이 열린 거지!

증기 기관을 움직일 때 그 연료로 석탄을 사용했는데, 점차 석탄 대신 석유와 전기가 널리 쓰이기 시작하면서 1800년 중반부터는 2차 산업 혁명이 시작됐어. 이때 미국의 포드 자동차를 만든 헨리 포드가 컨베이어 벨트를 이용해 자동차를 대량으로 생산해 냈지.

3차 산업 혁명은 1900년 후반, 컴퓨터와 인터넷이 널리 쓰이면서 맞게 되었어. 공장에서는 컴퓨터를 이용해 자동으로 상품을 생산하는 시스템을 갖추었지.

그렇다면 요즘 우리가 많이 듣는 4차 산업 혁명이란 무엇일까? 바로 로봇, 인공지능(AI), 사물인터넷(IoT) 등 혁신 기술들이 융합되어 사회 전반에 큰 변화가 일어나는 것을 말해. 언젠가는 인공지능을 가진 로봇들이 사람을 대신해 일할 수도 있어. 지금도 전기차, 자율 주행차, 드론, 가상현실 등 몇십 년 전만 해도 생각할 수 없던 전자 제품들이 나오고 있지.

더 많은 기계가 만들어진다는 것은 더 많은 자원이 필요하다는 말

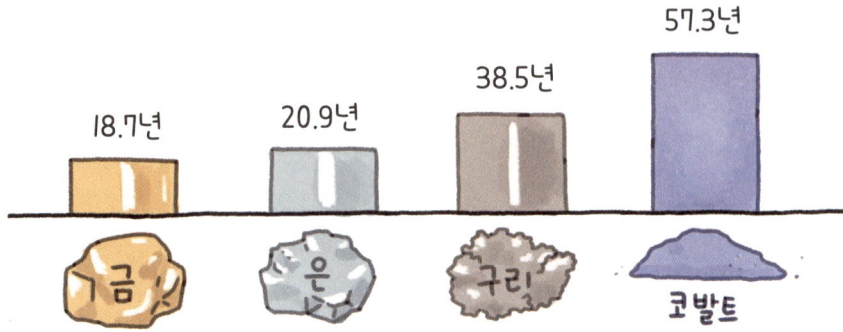

이기도 해. 그만큼 자원들이 더 빨리 고갈되고 있지. 2016년 미국 지질조사국에서 조사한 바에 따르면 금은 18.7년, 은은 20.9년, 구리는 38.5년, 코발트는 57.3년 후에 바닥을 드러낼 거라고 해.

특히 매장량이 적거나 얻기 어려운 금속을 '희소 금속'이라고 해. 전기차와 자율 주행차의 배터리 핵심 원료인 리튬과 코발트, 드론과 로봇에 필요한 니켈과 망간, 반도체에 꼭 필요한 텅스텐도 희소 금속이야. 이 금속들도 모두 고갈될 위험이 커.

이렇게 전자 제품을 만들 자원이 부족한데도 우리는 전자 제품을 쉽게 버려. 새 제품이 나오면 쓰던 제품에는 금세 흥미를 잃어버리지. 하지만 우리는 이제 자원 문제 때문에라도 전자 제품을 오래 쓰고 전자 쓰레기들을 다시 활용해야만 해.

분쟁 광물 때문에 죽어 가는 사람과 동물

사람들의 삶을 윤택하게 만들어 주는 전자 제품. 그런데 그 속에 들어가는 광물을 채굴하느라 어린아이들과 동물들이 죽어 가고 있다면 믿을 수 있겠니? 슬프게도 사실이야. 아프리카 등지에서 나오는 금, 주석, 탄탈륨, 텅스텐은 '분쟁 광물'로 지정되어 있거든.

분쟁 광물은 무엇일까? 말 그대로 분쟁 지역에서 생산되는 광물을 뜻해. 게릴라나 반군들이 돈이 되는 광물들을 얻기 위해 어른, 아이 할 것 없이 많은 사람들을 혹독하게 부리고 있어. 그래서 미국, 유럽 연합 등은 기업들이 분쟁 광물을 쓰지 못하도록 금지시켰지. 사용한 광물들은 원산지를 표시하게끔 했어. 우리나라의 많은 기업들도 분쟁 광물을 사용하지 않고 있단다.

분쟁 광물들을 채취하는 나라에서는 대체 무슨 일이 벌어지고 있는 걸까?

비행기부터 의료 기구, 텔레비전 등 많은 기기에 쓰이는 '콜탄'이라는 광물이 있어. 콜탄은 전류를 조절하는 데 뛰어난 광물로, 탄탈륨의 원료야. 스마트폰 한 대에는 약 0.02g의 콜탄이 꼭 들어가야 하지. 전 세계에 있는 콜탄 중 약 80%가 아프리카 콩고민주공화국에 묻

혀 있어.

 그런데 콩고민주공화국의 정부와 반군은 콜탄이 나오는 지역을 두고 계속 분쟁 중이야. 반군은 전쟁 자금을 모으기 위해 주민들을 불법으로 끌고 가 콜탄을 캐내게 했지. 심지어 어린아이들까지 납치해 언제 무너질지 모르는 열악한 채굴 현장에서 일을 시켰어.

 게다가 이 콜탄이 매장된 지역은 고릴라들의 서식지이기도 해. 콜탄을 얻기 위해 고릴라가 사는 서식지를 무분별하게 파괴했지. 그것도 모자라 반군들은 고릴라들이 채굴에 방해된다며 무자비하게 고릴라들을 사냥해 버렸어. 결국 이곳에 사는 희귀종 고릴라의 개체 수는 90% 가까이 줄어들어 현재는 멸종 위기에 처했어.

 콩고민주공화국에는 콜탄뿐만 아니라 리튬이온 배터리에 꼭 필요한 코발트라는 광물도 많이 묻혀 있어. 2018년 4월에는 한 코발트 채굴 현장이 무너지면서 그곳에서 일하던 어른과 아이들 30여 명이 목숨을 잃거나 다쳤어.

  지금도 아이들 수만 명이 학교에도 가지 못하고 안전 장비 하나 없이 맨몸으로 광물을 캐고 있어. 혹시 스마트폰을 바꾸고 싶다면, 그곳에서 맨손으로 분쟁 광물을 캐내야 하는 아이들을 생각해 주었으면 해.

이야기 다섯

쓸모없는 쓰레기 선발 대회!

나무도 풀도 잠든 조용하고 깊은 밤. 온갖 쓰레기들이 모인 분리 수거장이 갑자기 시끌벅적해졌다.

"내가 쓸모없다니까?"

"아니지! 내가 제일 쓸모없어!"

분리 수거장에 있는 쓰레기들이 싸우는 소리였다. 점점 목소리가 높아지자 동네 고양이들마저 다가와 구경하기 시작했다. 그때 조용히 잠자던 일반 쓰레기함이 입을 열었다.

"아휴, 시끄러워. 도대체 왜들 그렇게 싸우는 거야?"

그러자 방금 자기가 가장 쓸모없는 쓰레기라고 외치던 페트병이 말했다.

"그래! 우리 일반 쓰레기함에게 물어보자. 넌 여기에서 가장 오래 살았으니까 우리 중에 누가 가장 쓸모없는 쓰레기인지 알 거 아냐!"

그 말을 들은 일반 쓰레기함은 곰곰 생각하다 말했다.

"음. 여기 오래 있으면서 사람들에게 들은 게 많긴 하지. 좋아. 그럼 하나씩 나와서 자기가 얼마나 쓸모없는지 얘기해 봐. 내가 판단해 볼게."

"저기…… 그럼 내가 먼저 할게."

몸 군데군데가 찢겨진 택배 상자가 더 찢어질까 조심하며 바닥으로 내려왔다. 기운이 쭉 빠진 채 어기적어기적 걷는 모습이 정말 어디에도 쓸 데가 없어 보였다.

"택배 상자군. 좋아. 이야기해 봐."

일반 쓰레기함이 말하자 쓰레기들은 모두 택배 상자를 보았다. 택배 상자는 조심스럽게 입을 열었다.

"아, 안녕? 보다시피 나는 아주 약한 종이로 된 상자야. 종이라서 잘 찢어지고 구겨지지. 비라도 맞으면 소금에 절인 배추처럼 축~ 늘어지고. 그리고 한 번 택배 상자로 쓰면 온몸이 구겨져서 다시 사용할 수가 없어. 그리고…….."

택배 상자의 말이 아직 끝나지 않았는데도 일반 쓰레기함이 고개를 절레절레 저었다. 그러자 택배 상자는 일반 쓰레기함의 눈치를 보며 말을 멈추었다. 구경하던 고양이들도 야옹대며 수군거렸다. 모두 일반 쓰레기함을 바라보자 일반 쓰레기함이 이야기했다.

"네 말대로 택배 상자가 여기저기 찌그러지고 찢어지긴 했지. 하지만 종이는 아주 쓸모 있는 쓰레기야. 신문지는 신문용지로, 일반 모조지나 복사용지들은 화장지나 새 용지, 노트로 재활용할 수 있다고. 우유팩을 모으면 휴지로 만들 수 있다는 건 알고 있지? 우유팩 1kg이면 두루마리 휴지 1롤을 만들 수 있어. 너 같은 택배 상자는 골판지로 다시 만들 수 있으니, 아주 유용한 자원이지."

일반 쓰레기함이 술술 이야기를 하자 택배 상자는 몰랐던 사실을 깨달았는지 몸을 펄럭였다.

"그럼 나도 쓸모가 있단 말이야?"

"물론! 얼른 재활용함에게 가 보라고. 자, 다음!"

이번에는 스티로폼 상자가 쓰레기함에서 바닥으로 폴짝! 뛰어내렸

다. 바닥에 부딪쳐 떨어져 나온 스티로폼 조각들이 이리저리 튀었다.

"안녕! 나는 스티로폼이야. 다른 쓰레기들에 비해 아주 몸집이 크지. 하지만 아주 가볍고 한없이 약한 쓰레기에 불과해. 아까 봤지? 작은 힘을 가해도 아주 잘 부서져. 너무 가벼워서 막 날리기도 해. 보여 줄까?"

스티로폼은 자기 몸을 바닥에 마구 비벼 댔다. 그러자 스티로폼 부스러기들이 눈처럼 이리저리 휘날렸다.

"으악! 그만해!"

"냐아아옹!"

고양이들은 몸에 달라붙은 스티로폼 부스러기들을 떼어 내려 했지만 잘 떨어지지 않았다.

"정말 쓸모없는 쓰레기네!"

모두 한목소리로 말했다. 스티로폼 상자는 그 말에 맞장구를 쳤다.

"맞아. 나는 자연에 그대로 버리면 썩는 데 500년 이상 걸려. 그리고 불에 약해서 엄청 잘 타는데, 태우면 유독 가스가 엄청나게 나와. 정말 쓸모없지?"

그러자 일반 쓰레기함이 하하! 웃기 시작했다. 모두 일반 쓰레기함을 보았다.

"스티로폼은 플라스틱의 일종이야. 깨끗한 스티로폼 쓰레기는 플라스틱 제품으로 재활용할 수 있지! 그리고 2014년에 칠레 과학자들이 폐스티로폼을 페인트로 만드는 기술을 개발해 냈어. 알고 보면 무척 쓸모 있는 쓰레기란 말씀."

"내가 페인트가 될 수도 있다고?"

스티로폼 상자는 잔뜩 들떠 팔락팔락 대며 재활용함으로 뛰어들어 갔다. 그 바람에 부스러기가 날렸지만 다들 부러운 얼굴로 스티로폼 상자를 보았다.

그때였다. 철커덩 소리가 나면서 음식물 쓰레기통이 열렸다. 어마어마한 악취와 함께 음식물 쓰레기가 국물을 흘리며 바닥으로 미끄러져 나왔다.

"으윽! 냄새! 참을 수가 없어!"

고양이들도 냄새가 싫은지 날카롭게 울었다.

"헤헤헤. 내 냄새가 좀 엄청나지? 이러니 어디에 쓰이기나 하겠어? 아, 물론 동물 사료나 농사에 쓰는 퇴비로 재활용되기도 해. 하지만 사람들이 버리는 음식물 쓰레기에는 이물질이 많이 섞여 있어서 재활용할 수 있는 비율이 20%도 안 돼. 정말 쓸모없지."

음식물 쓰레기 냄새 때문에 몇몇 고양이들은 다른 곳으로 가 버렸다. 다른 쓰레기들도 냄새 때문에 숨을 참느라 입도 뻥긋 열 수 없었다. 음식물 쓰레기의 말을 묵묵히 듣고 있던 일반 쓰레기함이 이야기했다.

"냄새가 고약해서 쓸모없는 쓰레기처럼 느껴질 수도 있어. 하지만 영국과 스웨덴에서는 말이지. 음식물 쓰레기로 움직이는 버스가 있다고."

"뭐? 음식물 쓰레기가 버스를 움직이게 한다고?"

쓰레기들은 너무 놀라 냄새도 잊고 만 건지 모두 입을 떡 벌렸다. 일반 쓰레기함은 미소 지으며 말했다.

"음식물 쓰레기를 푹 썩혀 발효시키면 그 속에서 메탄가스, 즉 바이오가스가 나와. 이 에너지를 이용해 버스를 움직이게 할 수 있어. 음식물 쓰레기는 엄청난 자원이 되는 매우 쓸모 있는 쓰레기지."

음식물 쓰레기는 믿을 수 없다는 듯 중얼거렸다.

"내가 연료가 된다니……!"

음식물 쓰레기는 잔뜩 신이 나 다시 휘리릭 음식물 쓰레기통으로 들어갔다.

이번에는 페트병이 병 안에 남은 물을 흘리며 나왔다. 페트병이 나오자 쓰레기들이 웅성거렸다.

"보다시피 나는 한때 사람들의 마른 목을 축여 주는 음료를 담은 병이었어. 하지만 지금은 아주 볼품없는 한낱 플라스틱 쓰레기야."

그러자 쓰레기들이 불만에 차 말했다.

"너는 충분히 재활용할 수 있는 쓰레기잖아!"

그러자 페트병이 대답했다.

"나도 알아. 하지만 사람들이 함부로 여기저기 버리기 때문에 재활용이 잘되지 않아. 게다가 내가 잘게 쪼개져서 미세 플라스틱이 되면 엄청난 문제도 일으킨다고. 바다에 미세 플라스틱이 많아져서 물고기 몸속에 미세 플라스틱이 쌓인다는 뉴스 본 적 있지? 이 물고기는 누가 먹지? 바로 사람들이야. 나는 사람들의 건강까지 해치는 거야. 난 정말 쓸모도 없고 골칫덩이야."

페트병의 이야기를 들은 일반 쓰레기함은 이번에도 부드럽게 고개를 저었다.

"그렇지 않아. 이제는 기업들도 최대한 플라스틱을 재활용하기 위해 페트병에 상품 라벨도 붙이지 않아. 사람들도 플라스틱 병을 깨끗하게 버리려고 노력하고 있어. 그리고 최근에는 옥수수, 사탕수수, 가축의 분뇨 등을 활용해서, 완전히 분해되는 바이오 플라스틱을 개발했어."

"정말? 나도 이제 골칫덩이 취급은 그만 받을 수 있는 거야?"

"그럼!"

그러자 페트병은 감격에 차서 말을 잇지 못했다. 그때였다. 한쪽 바닥에 놓인 이상한 쓰레기들이 뭉치더니 소란스러운 소리를 내며 일어났다.

"대, 대체 저게 뭐야?!"

이상한 끈으로 묶여 있는 괴물 같은 쓰레기였다. 놀란 쓰레기들이 몸을 후다닥 숨겼다. 그 사이에 호기심 많은 고양이들이 다시 다가가 요리조리 살펴보았다. 그것은 컴퓨터와 전자레인지, 스마트폰, 오디오, 청소기 등이 전선으로 묶여 있는 전자 쓰레기들이었다. 한데 엉켜 있던 전자 쓰레기 가운데 스마트폰이 이야기했다.

"미안, 미안. 놀라게 하려는 건 아닌데. 아무렇게나 쌓여 있었더니 전선이 이렇게 엉켜 버렸지 뭐야."

다른 쓰레기들도 그제야 고개를 내밀고 전자 쓰레기를 살펴보았다. 그러자 스마트폰이 말을 이었다.

"우리는 겉보기에는 플라스틱으로 되어 있는 것 같지만 사실 속에 온갖 인쇄 회로 기판과 전자 부품들로 가득해. 그래서 재활용하기도 까다로워. 함부로 버리면 환경 오염은 물론이고 사람들의 목숨까지 위험하게 만들지. 아마 우리야말로 이 지구에서 가장 쓸모없고 위험한 쓰레기일 거야."

구경하고 있던 모든 쓰레기들은 고개를 끄덕였다. 가만히 지켜보고 있던 일반 쓰레기함이 말했다.

"너희 말이야. 올림픽 때 우승한 선수들에게 나누어 주는 금메달, 은메달, 동메달 알지?"

모든 쓰레기와 고양이들이 일반 쓰레기함에게 집중했다.

"메달에 들어가는 금, 은, 동은 사람들에게 없어서는 안 될 소중한 천연자원이지."

쓰레기들은 웅성거렸다. 금, 은, 동과 같은 자원이랑 전자 쓰레기가 무슨 상관있나 싶었던 것이다.

"전자 쓰레기와 금, 은, 동과 같은 자원은 아주 깊은 관련이 있어. 2020년 도쿄 올림픽에서 선수들이 받은 메달 5,000여 개는 모두 전자 쓰레기에서 캐냈어. 그만큼 전자 쓰레기에는 엄청난 자원이 숨어 있지."

"뭐, 뭐라고?"

그런 귀한 자원이 저 괴상한 전자 쓰레기들에게 있다는 사실에 모두 놀라 숨을 죽였다.

"금, 은, 동도 있고 니켈, 리튬, 코발트, 팔라듐 같은 자원들도 캐낼 수 있어. 우리나라의 어떤 기업은 버려진 스마트폰에 든 자원들을

이용해 디지털 검안기를 만들었어. 한마디로 전자 쓰레기는 도시에 숨어 있는 광산인 셈이야."

모두 경이로운 눈으로 전자 쓰레기를 바라보았다. 그러자 일반 쓰레기함이 나지막이 말했다.

"너희 쓰레기들은 하나같이 쓸모없는 존재가 아니야. 그러니까 이런 말도 안 되는 대회는 그만 열고 좋은 꿈들을 꾸라고."

그제야 쓰레기들은 조용히 자기로 돌아갔고, 쓸모 있는 쓰레기가 되는 꿈을 꾸었다.

> ## 전자 쓰레기를 줄이기 위해
> ## 우리가 해야 할 일

지금까지 전 세계에서 얼마나 많은 전자 쓰레기를 버리는지, 아무렇게나 버린 전자 쓰레기가 환경과 사람들에게 얼마나 나쁜 영향을 끼치는지에 대해 알아보았어.

이제 우리가 앞으로 해야 할 일은 전자 쓰레기가 나오지 않도록 최대한 노력하고, 되도록 재활용될 수 있도록 잘 버리는 거야.

그렇다면 전자 쓰레기를 줄일 수 있는 방법에는 어떤 것들이 있을까? 생각보다 어렵지 않으니 잘 기억해 두자.

첫 번째, 새로운 전자 제품을 사기 전에 정말 그 물건이 필요한지 다시 생각해 보는 거야. 꼭 필요한 게 아닌데 예뻐서, 혹은 이전 제품이 질려서 사려는 건 아닌지, 이미 비슷한 제품이 있지 않은지 생각해 보는 거지. 그리고 꼭 필요한 제품이 아니라면 구매하지 않는 거야.

두 번째, 아무리 생각해도 꼭 사야 한다면 에너지를 조금이라도 절약할 수 있도록 에너지 소비 효율 등급이 1등급인 상품을 사자. 에너지 소비 효율 등급은 1등급에서 5등급까지 있어. 냉장고, 세탁기, 공기청정기 등 총 33개 제품에 표시되어 있지. 1등급에 가까울수록 에너지를 덜 쓰는 제품이야. 1등급 제품은 5등급 제품에 비해 30~40% 정도 에너지를 절약할 수 있어. 그리고 중고 전자 제품을 쓰는 것도 좋은 방법이야. 새 제품보다 훨씬 저렴한 가격에 살 수 있고, 제품의 수명을 더 연장할 수 있거든!

세 번째, 전자 제품을 최대한 오래 사용하는 거야. 만일 고장이 났다면 필요한 부분만 고쳐서 사용하는 것이 좋아. 또한 전자 제품은 사용법에 따라 써야 오래 쓸 수 있으니 꼭 사용 설명서를 읽어 보도록 해.

전자 제품을 오래 쓰는 요령을 알려 줄게. 텔레비전이나 세탁기, 냉장고 등은 벽에 딱 붙이지 않고 열기가 빠져나갈 수 있도록 설치해야 해. 세탁기는 사용하고 나서 뚜껑을 열어 내부의 습기를 말리는 것이 좋지. 냉장고는 안에 내용물을 너무 가득 채우면 냉각 기능이

무리하게 돼. 그러니 60% 정도만 채워 사용하는 게 좋아.

또 우리가 매일 사용하는 스마트폰을 오래 쓰려면 배터리 충전에 신경을 써야 해. 배터리가 다 떨어진 후에 충전하기보다는 어느 정도 남아 있을 때 충전하는 것이 좋아. 그리고 완전히 충전된 상태가 되면 충전을 그만해야 돼. 계속 충전하면 배터리 내부를 손상시켜 수명이 줄어들 수 있거든. 참고로 100%로 충전하기보다는 80% 정도까지만 충전해서 쓰는 것이 배터리 수명에는 더 좋다고 해.

마지막으로 수명이 다 된 전자 쓰레기를 버릴 때는 절대 일반 쓰레기와 섞이지 않도록 분리하자. 전자 쓰레기를 재생하고, 재활용하고, 재사용될 수 있도록 제대로 버려야 해.

살고 있는 곳마다 전자 쓰레기를 버리는 방법이 조금씩 다를 수 있어. 그러니 전자 쓰레기를 버려야 한다면 행정 복지 센터(주민 센터)에 문의해 보는 것이 좋아.

전자 제품의 생산부터 폐기까지
책임지는 기업의 행동이 필요해

많은 기업이 전자 제품을 만들어 팔 때, 이 제품들이 버려지면 어떻게 처리할지까지 고민하지는 않았어. 하지만 전자 쓰레기가 점점 늘고 환경과 사람들의 건강에 나쁜 영향을 끼치자 기업들도 전자 제품에 대해 책임감을 갖기 시작했어.

미국의 유명 전자 제품 기업에서는 모든 제품을 재활용된 자원만 써서 만들겠다는 목표를 세웠어. 우리나라의 한 전자 제품 기업도 전자 쓰레기에서 얻은 플라스틱을 재활용해 새로운 제품을 만들지.

이렇게 쓰레기를 자원으로 활용하려는 기업들의 움직임은 점점 커지고 있어. 플라스틱이나 페트병 같이 한 번 쓰고 버리는 쓰레기를 친환경 포장재로 만들거나, 페트병의 라벨지를 없애서 쉽게 재활용할 수 있도록 만들기도 해. 이런 움직임을 '순환 경제'라고 말해. 자원을 절약하고 재활용을 하는, 친환경적인 경제 모델이라고 하지.

정부도 기업들이 쓰레기 문제에 관심을 갖게끔 여러 노력을 기울이고 있어. 생산자가 만든 상품 중 일정량을 다시 회수해 재활용하도록 '생산자책임재활용제도(EPR)'를 시행하고, 친환경적인 제품을 생

저탄소 제품 인증 마크   우수 재활용 제품 인증 마크   에너지 절약 마크

산하는 기업들에 '환경 마크'도 주고 있지.

탄소 배출량을 줄인 제품은 '저탄소 제품 인증 마크'를, 재활용된 자원을 이용해 만든 상품 중 품질이 우수한 상품에는 '우수 재활용 제품 인증 마크'를, 에너지 절약 효과가 뛰어난 상품에는 '에너지 절약 마크'를 주고 있어. 우리가 이런 제품들에 관심을 보인다면 기업들은 환경과 쓰레기 문제에 더욱 책임감을 갖게 될 거야.

 어마어마한 자원이 숨어 있는
'도시 광산' 활용하기

2020년 도쿄 올림픽에서 치열한 경기 끝에 승리를 거둔 선수들에게 자랑스러운 금메달, 은메달, 동메달들을 주었어. 그런데 이 메달

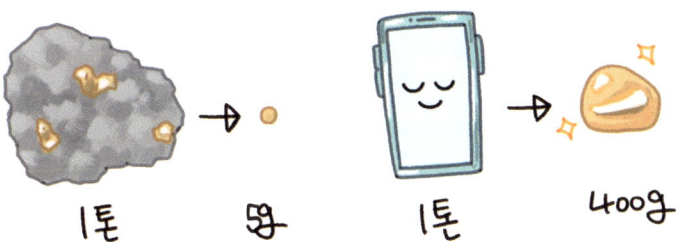

들에는 비밀이 있었지. 그건 바로 전자 쓰레기에서 캐낸 자원들로 만든 메달이라는 거야.

앞서 설명했듯, 주로 도시에서 전자 쓰레기가 많이 나와서 이를 일컬어 '도시 광산'이라고도 부른단다. 그렇다면 도시에 버려진 스마트폰 1톤에는 금이 얼마만큼 들어 있을까? 금광석 1톤과 비교해 보자.

금광석 1톤 속에서는 금을 겨우 5g 찾을 수 있어. 하지만 스마트폰 1톤 속에는 이보다 80배나 많은 400g의 금을 캘 수 있단다. 이게 다가 아니야. 금 400g 외에도 은 3kg, 니켈 16kg, 구리 100kg, 리튬 5kg은 물론 코발트, 팔라듐 등의 희귀 금속도 얻을 수 있지.

우리나라는 희귀 금속들을 대부분 외국에서 수입해 쓰고 있어. 그렇기 때문에 도시 광산을 잘만 활용하면 환경도 살리고 7,500억 원의 사회적 이익을 얻을 수 있지.

하지만 현재 우리나라에서 전자 쓰레기를 재활용하는 비율은 겨우

17%밖에 되지 않아. 35%는 해외로 수출되고 나머지는 그냥 버려지거나 가정에 방치되고 있단다.

혹시 집에 묵히는 전자 제품은 없는지 한번 둘러보자. 다시 사용할 수 있는 전자 제품들은 재사용하고, 작동은 되지만 쓰지 않는다면 기증을 하거나 중고로 팔 수도 있어. 또 망가져서 더는 사용할 수 없는 전자 제품들은 전문 수거업체로 보내서 유용하게 재활용되게끔 하자.

전자 쓰레기 문제를 해결할 미래 기술들

전자 쓰레기를 함부로 버리지 않고 최대한 재활용하는 것도 좋지만 처음부터 환경과 건강에 해로운 유해 물질을 사용하지 않고 제품을 만든다면 더 좋겠지? 그래서 과학자들은 친환경적인 전자 제품을 만들기 위해 여러 가지 노력을 하고 있어.

리튬은 휴대폰이나 전기차 배터리에 없어서는 안 될 천연자원인데, 이를 이용해 만든 리튬이온 배터리는 환경 오염을 일으켜. 그래서 과학자들은 노력 끝에 리튬을 대신할 친환경적인 물질을 찾았어. 바로 소금이야.

소금은 한정적인 리튬에 비해 전 세계 어디에서나 얻을 수 있고,

환경 오염을 일으킬 걱정도 크지 않아. 게다가 재활용하기도 쉽지. 그래서 소금을 이용해 배터리를 만들기 위해 많은 과학자들이 노력을 기울이고 있단다.

쓰레기 문제는 날로 심각해지고 있어. 전자 쓰레기뿐만 아니라 플라스틱 쓰레기, 음식물 쓰레기도 해마다 늘고 있지. 그렇다 보니 이런 쓰레기들을 재활용하는 기술에 대한 연구도 많아지고 있어. 그중 한 가지를 소개할게!

우리가 버리는 생활 쓰레기 중 가장 많은 것은 음식물 쓰레기야. 유엔환경계획에 따르면 2021년 한 해 동안 전 세계에서 버려진 음식물 쓰레기가 10억 톤이라고 해.

매일 같이 쏟아지는 음식물 쓰레기는 주로 동물 사료나 퇴비로 재사용된다고 알려져 있어. 하지만 동물이 먹지 못하는 쓰레기가 섞여 있고, 염분이 들어 있어서 사료나 퇴비로 이용되는 건 20~40% 정도밖에 되지 않아. 나머지는 모두 소각되거나 매립되지.

이렇게 많은 음식물 쓰레기를 에너지로 바꿀 수 있다면 얼마나 좋을까? 연구 끝에 방법을 찾았어! 음식물 쓰레기가 썩어서 발효될 때 메탄가스가 나오는데 이것을 연료로 활용하는 거야.

이를 '바이오매스 에너지'라고 불러. '바이오매스(biomass)'란 원래는 에너지원이 되는 식물이나 미생물을 뜻하는 말이었어. 지금은 더 넓은 의미로 동물들의 분뇨나 음식물 쓰레기, 폐목재, 폐기물 등까지 포함해. 이러한 바이오매스를 가스나 전기, 열에너지의 형태로 바꾼 것을 '바이오매스 에너지'라고 하지.

한마디로 쓸모없는 음식물 쓰레기가 에너지로 변신한 거야. 실제 영국에서는 음식물 쓰레기에서 얻은 에너지를 써서 '바이오 버스'를 운행하고 있어.

지금도 많은 과학자들이 쓰레기를 친환경적으로 활용할 방법을 찾고 있지. 미국에서는 음식물 쓰레기를 활용해 강철보다 강하고 구리보다 전기가 잘 통하는 '그래핀'이라는 신소재를 만들었어. 싱가포르에서는 플라스틱 쓰레기로 단열과 방음이 뛰어난 '에어로겔'이라는 신소재를 개발해 냈어.

이렇게 쓰레기를 활용하는 방법도 좋지만 가장 좋은 건 처음부터 쓰레기를 만들지 않는 거야. 다음과 같은 방법으로 생활 속에서 쓰레기를 줄여 보자.

1. 학교 급식 등 음식을 먹을 때 먹을 만큼만 음식을 덜어서 남기지 않고 모두 먹는다.
2. 비닐봉지, 나무젓가락, 플라스틱 그릇, 종이컵 등 일회용품은 최대한 사용하지 않는다.
3. 포장이 많이 된, 과대 포장 상품은 되도록 구매하지 않는다.
4. 분리 수거할 수 있는 쓰레기는 깨끗하게 정리해서 버린다.
5. 전자 제품은 사용법을 먼저 알아 두고 가능한 한 오래 사용한다. 전자 제품을 버릴 때는 재활용될 수 있도록 꼭 전문 수거업체에 버린다.
6. 무슨 물건이든 구매하기 전에 꼭 필요한 물건인지를 생각하고 신중히 구매한다.

관련 교과

4학년 2학기 사회	2. 필요한 것의 생산과 교환
5학년 2학기 과학	2. 생물과 환경
6학년 1학기 과학	3. 여러 가지 기체
6학년 2학기 과학	1. 전기의 이용 5. 에너지와 생활
5학년 도덕	6. 인권을 존중하며 함께 사는 우리
6학년 도덕	6. 함께 살아가는 지구촌 우리가 만드는 도덕 수업 2. 평화로운 세상을 향하여

국어, 사회, 과학, 기술, 도덕, 경제까지
교과목 공부가 되고 세상의 눈을 키우는 상식도 쌓아주는
사회과학 동화 시리즈

공부가 되고 상식이 되는! 시리즈 ❶

어린이 생활 속 법 탐험이 시작되다!
신 나는 법 공부!

변호사 선생님이 들려주는
흥미진진한 법 지식과 리걸 마인드 키우기!

장보람 지음, 박선하 그림 | 168면 | 값 11,000원

공부가 되고 상식이 되는! 시리즈 ❷

동화로 보는 착한 소비의 모든 것!
미래를 살리는 착한 소비 이야기

친환경 농산물, 동네 가게와 지역 경제,
대량생산vs동물복지, 저가상품vs공정상품

한화주 지음, 박선하 그림 | 148면 | 값 11,000원

공부가 되고 상식이 되는! 시리즈 ❸

똑똑한 경제 습관과 금융 IQ를 길러 주는
어린이 금융경제 교육
적금은 뭐고 펀드는 뭐야?

동화로 보는 어린이 금융경제 교육의 모든 것!

김경선 지음, 박선하 그림 | 120면 | 값 11,000원

공부가 되고 상식이 되는! 시리즈 ❹

우리가 소셜 미디어를 하면서
반드시 알고 지켜야 할 것들의 모든 것!
미래를 이끄는 어린이를 위한 소셜 미디어 이야기

1인 미디어, 실시간 정보검색, 온라인 인간관계 길잡이, 올바른 SNS 사용규칙

한현주 지음, 박선하 그림 | 152면 | 값 11,000원

국어, 사회, 과학, 기술, 도덕, 경제까지
교과목 공부가 되고 세상의 눈을 키우는 상식도 쌓아주는
사회과학 동화 시리즈

공부가 되고 상식이 되는! 시리즈 5

동화로 보는 SW교육, 사물인터넷, 인공지능 로봇,
로봇 세상의 생활과 진로!

어린이를 위한
인공지능과 4차 산업혁명 이야기

과학 기술과 데이터, 로봇과 공존하는
인공지능 시대를 살아갈 어린이 친구들을 위한
과학 동화

김상현 지음, 박선하 그림 | 163면 | 값 12,000원

공부가 되고 상식이 되는! 시리즈 6

동화로 보는 '4차 산업혁명 시대'에 따뜻한 기술이
가져오는 행복한 미래와 재미난 공학

어린이를 위한
따뜻한 과학, 적정 기술

어린이를 위한 "따뜻한 기술과 윤리적인 과학"
에 대한 흥미롭고도 실천적인 이야기!

이아연 지음, 박선하 그림 | 160면 | 값 12,000원

공부가 되고 상식이 되는! 시리즈 7

포장 쓰레기의 여정으로 살피는
소비, 환경, 디자인, 새활용, 따뜻한 미래 이야기

미래를 위한 따뜻한 실천,
업사이클링

버려진 물건에게 새 삶을 주는
따뜻한 실천에 대한 흥미진진한 이야기!

박선희 지음, 박선하 그림, 강병길 감수 | 144면 | 값 12,000원

국어, 사회, 과학, 기술, 도덕, 경제까지
교과목 공부가 되고 세상의 눈을 키우는 상식도 쌓아주는
사회과학 동화 시리즈

공부가 되고 상식이 되는! 시리즈 ❽

동화로 보는 동물학대와 유기, 대규모 축산농장,
동물실험, 동물원에 대한 불편한 진실

어린이를 위한
동물 복지 이야기

동물과 함께 행복해지기 위한 윤리적인 선택,
그에 대한 흥미롭고도 실천적인 이야기!

한화주 지음, 박선하 그림 | 166면 | 값 12,000원

공부가 되고 상식이 되는! 시리즈 ❾

동화로 보는 신재생에너지, 에너지 불평등과 자립,
에너지 공학자, 에너지 과학 기술

지구와 생명을 지키는
미래 에너지 이야기

"행복하고 안전한 미래를 맞이하려면
에너지 문제를 반드시 해결해야 해요!"

정유리 지음, 박선하 그림 | 162면 | 값 12,000원

공부가 되고 상식이 되는! 시리즈 ❿

동화로 보는 '미세먼지'를 둘러싼 환경, 건강,
나라, 경제, 과학 이야기

생명을 위협하는 공기 쓰레기,
미세먼지 이야기

"왜 미세먼지는 나아지지 않고
점점 심해지는 걸까?"

박선희 지음, 박선하 그림 | 160면 | 값 12,000원

공부가 되고 상식이 되는! 시리즈 ⓫

사라지는 일, 생겨나는 일!
미래 일자리의 변화와 기술, 직업 가치를
생생하게 알려 주는 과학 인문 동화

어린이를 위한
4차 산업혁명 직업 탐험대

"달라진 일의 미래, 나는 어떤 일을 하게 될까?"

김상현 지음, 박선하 그림 | 167면 | 값 12,000원

국어, 사회, 과학, 기술, 도덕, 경제까지
교과목 공부가 되고 세상의 눈을 키우는 상식도 쌓아주는
사회과학 동화 시리즈

공부가 되고 상식이 되는! 시리즈 ⑫

동화로 보는 미디어 속 가짜 뉴스에 담긴
불편한 진실과 미디어 리터러시 교육!

어린이가 알아야 할
가짜 뉴스와 미디어 리터러시

"뉴스는 무조건 믿어도 되는 걸까요?"

채화영 지음, 박선하 그림 | 144면 | 값 12,000원

공부가 되고 상식이 되는! 시리즈 ⑬

동화로 보는 해양 쓰레기, 미세 플라스틱, 남획,
바다 산성화, 뜨거운 바다, 그리고 분쟁의 바다

지구가 보내는 위험한 신호,
아픈 바다 이야기

"지속 가능한 바다를 위해
우리는 어떤 일을 할 수 있을까?"

박선희 지음, 박선하 그림 | 161면 | 값 12,000원

공부가 되고 상식이 되는! 시리즈 ⑭

빅데이터, 데이터 마이닝, 데이터 과학자와 데이터
윤리까지! 동화로 살펴보는 빅데이터의 모든 것!

어린이를 위한 미래 과학,
빅데이터 이야기

"이제 분야를 막론하고 미래 세상을 이끌어갈
사람들은 모두 빅데이터를 알아야만 해!"

천윤정 지음, 박선하 그림 | 159면 | 값 12,000원

공부가 되고 상식이 되는! 시리즈 ⑮

이웃과 환경을 생각하고 사회를 밝게 만들어 주는
착한 디자인에 대한 아주 특별한 다섯 이야기!

세상을 따뜻하게 만드는
착한 디자인 이야기

좋은 디자인은 그 자체로
세상을 바꾸는 발명이 된다!

정유리 지음, 박선하 그림 | 155면 | 값 12,000원

국어, 사회, 과학, 기술, 도덕, 경제까지
교과목 공부가 되고 세상의 눈을 키우는 상식도 쌓아주는
사회과학 동화 시리즈

공부가 되고 상식이 되는! 시리즈 ⓰

하늘 저 너머에도 쓰레기가 있다고?
우주 탐사 최대 방해물, 우리를 위협하는
우주 쓰레기의 모든 것!

지구와 미래를 위협하는
우주 쓰레기 이야기

"우주 과학이 발전하는 만큼
우주 쓰레기는 더 많아진다고?"

김상현 지음, 박선하 그림 | 136면 | 값 12,000원

공부가 되고 상식이 되는! 시리즈 ⓱

상상 그 이상!
진짜보다 더 진짜 같은 가상 세계의 모든 것!

어린이를 위한
가상현실과 메타버스 이야기

"진짜보다 더 진짜 같은 가상 세상이 온다!"

천윤정 지음, 박선하 그림 | 152면 | 값 12,000원

공부가 되고 상식이 되는! 시리즈 ⓲

멋과 유행, 경제와 윤리적 소비,
환경의 관계에 대해 이야기하는 생각동화!

환경을 지키는
지속 가능한 패션 이야기

"옷 한 벌에 담긴 따뜻한 마음이야말로
세상을 아름답게 지켜 내!"

정유리 지음, 박선하 그림 | 152면 | 값 12,000원

국어, 사회, 과학, 기술, 도덕, 경제까지
교과목 공부가 되고 세상의 눈을 키우는 상식도 쌓아주는
사회과학 동화 시리즈

공부가 되고 상식이 되는! 시리즈 ❶❾

동화로 보는 주식과 투자, 경제에 관한 모든 것!
경제를 아는 어린이로 이끌어 주는 주식과 투자 이야기

"지구를 지키는 일만 하고
경제 공부는 처음인 전설의 히어로즈,
얼결에 주식회사를 세우다?"

김다해 지음, 박선하 그림 | 156면 | 값 12,000원

공부가 되고 상식이 되는! 시리즈 ❷⓿

동화로 보는 바이러스, 변이 바이러스, 팬데믹,
백신과 의료 불평등, 건강한 생활 습관 이야기!
어린이가 알아야 할 바이러스와 팬데믹 이야기

"눈에 보이지 않는 바이러스의 습격,
어떻게 막아야 할까?"

정유리 지음, 박선하 그림 | 131면 | 값 12,000원

공부가 되고 상식이 되는! 시리즈 ❷❶

동화로 보는 이상 기후, 해수면 상승, 식량 위기,
기후 난민 이야기!
기후 위기 시대, 어린이를 위한 기후 난민 이야기

"도와주세요! 날씨가 우리 집을 빼앗았어요!"

박선희 지음, 박선하 그림 | 144면 | 값 13,000원